Renate Jones

Welpenschule
leichtgemacht

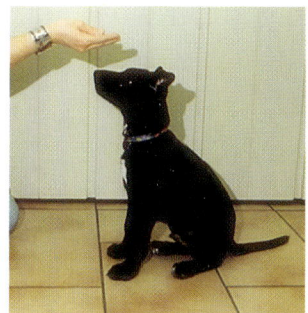

Kosmos

Auch Kinder können die Übungen der Welpenschule mitmachen.

Vielfältige Eindrücke beim Züchter sind für die
Entwicklung entscheidend.

Inhalt

Schritt für Schritt
DIE ÜBUNGEN DER WELPENSCHULE 30

Sozialisierung
DIE GUTE KINDER-STUBE 42

Vorbeugen ist wichtig
UNERWÜNSCHTES VERHALTEN VERMEIDEN 50

ÜBUNGSSCHEMA UND HUNDEPASS 63

Je größer der Hund, um so wichtiger die Erziehung von Anfang an.

Entwicklung fördern

Weichen stellen für die Zukunft

Die Welpenschule beginnt am ersten Tag Ihres Zusammenlebens mit Ihrem kleinen Hund.

Alle Hunde beißen. Die meisten beißen als Welpen, andere erst, wenn sie erwachsen sind. Manche beißen Schuhe und Teppiche kaputt, andere beißen Hände, Jogger, Kinder oder andere Hunde. Wann lernt ein Hund, was er darf und was nicht?

In den meisten Hundeschulen wird mit der Erziehung erst begonnen, wenn die Hunde mindestens 6 Monate alt sind. In diesem Alter sind Hunde ungefähr halb ausgewachsen und kommen in die Pubertät. Würden Sie bei einem Menschen erst mit der Erziehung anfangen, wenn er oder sie schon 16 Jahre alt oder älter ist?

LERNZIELE

Sie haben sich einen Hund angeschafft, weil Sie mit ihm zusammen leben und Spaß haben möchten. Er muß viel lernen, wenn die Zukunft für alle Beteiligten erträglich und vergnüglich werden soll.

Denn aus dem süßen Hündchen wird rasend schnell ein erwachsener Hund. Im Augenblick ist er noch

Durch viele Begegnungen mit Artgenossen lernen Welpen das richtige Hundeverhalten.

Welpenspielstunden bieten Gelegenheit zum Kennenlernen und Spielen.

dafür investieren, macht sich ein ganzes Hundeleben lang bezahlt.

Natürlich müssen dabei die Methoden dem Alter angemessen sein. In der Welpenschule zeigen wir Ihnen, wie Ihr kleiner Hund schon ab 6 bis 8 Wochen ohne Streß und Zwang die Grundbefehle üben kann. Auf angenehme Weise sammelt er mit Ihnen zusammen die nötigen ersten Lebenserfahrungen und lernt, den Situationen des täglichen Lebens gewachsen zu sein.

So kann er sich zu einem selbstsicheren und zuverlässigen Begleiter entwickeln, mit dem man gern sein Leben teilt.

niedlich und achtet auf jeden Ihrer Schritte. Wenn Sie wollen, daß das so bleibt, müssen Sie jetzt etwas dafür tun. In spätestens einem halben Jahr ist aus diesem Hund ein Halbstarker geworden. Wenn Sie jetzt nichts unternehmen, wird er aufdringlich und wild, achtet nicht mehr auf Sie und pöbelt vielleicht andere Hunde und Menschen an. Zeigen Sie Ihrem Hund daher lieber gleich von Anfang an das richtige Verhalten, und überlassen Sie nicht dem Zufall, was er in seinen ersten Lebensmonaten lernt. Die Zeit, die sie jetzt

Zerren und Kauen hilft beim Zahnwechsel.

DIE ENTWICKLUNG IST VORHERSEHBAR

Der größte Anteil der Hunde, deren Besitzer professionelle Hilfe in Anspruch nehmen, befindet sich in einem Alter zwischen 6 und 12 Monaten. Das zeigen neueste Daten der Gesellschaft für Verhaltensprobleme bei Haustieren in England. Nicht selten sind Verhaltensprobleme ganz normales Hundeverhalten, aber leider am falschen Ort, zur falschen Zeit oder beides. So ist zum Beispiel vielen Menschen bekannt, daß junge Hunde Milchzähne haben und einen Zahnwechsel durchmachen. Es ist jedoch nicht jedem bewußt, daß es beim Zahnwechsel ein Stadium gibt, in dem Welpen alles zerkauen.

Die Welpen sollten auch Babys kennenlernen.

Wenn man diese vorhersehbare Entwicklung von vornherein in die richtige Bahn lenkt, müssen nicht Möbel und Kleidungsstücke darunter leiden.
Das Versäumnis, derartige Entwicklungen rechtzeitig und gezielt in die richtige Bahn zu lenken, ist verantwortlich für eine große Anzahl von erst später zutage tretenden Verhaltensstörungen.

VERHALTEN WIRD ERLERNT

Vieles, was für angeboren gehalten wurde, wie zum Beispiel die Beißhemmung, ist nach heutigen wissenschaftlichen Erkenntnissen nicht angeboren, sondern muß frühzeitig erlernt werden. Dieser Lernprozeß, die Sozialisierung, beginnt mit der 2. und dauert ungefähr bis zur 14. Lebenswoche. Untersuchungen über die Entwicklung des Verhaltens von Welpen haben gezeigt, daß ein junger Hund in diesem Alter besonders aufnahmefähig und beeindruckbar ist.

WAS IST SOZIA-LISIERUNG?

Während der Sozialisierungsphase lernt ein Welpe, mit Menschen, anderen Hunden und allen Lebenslagen zurechtzukommen. Das betrifft unter anderem Spazierengehen, Auto- und Straßenbahn fahren, ins Café gehen, sich bürsten lassen und nicht grob sein. Ein Hund sollte in dieser Zeit Kinder kennen- und lieben lernen. Dann läßt er sich später nicht so leicht von ihnen erschrecken und eventuell zum Schnappen reizen. Sogar der Umgang mit anderen Hunden muß gelernt werden – wie gesagt, das alles ist nicht angeboren.
Die ersten 14 Lebenswochen sind daher für das ganze weitere Leben eines Hundes entscheidend. Sie sind ausschlaggebend dafür, ob ein erwachsener Hund zuverlässig und kinderfreundlich ist, ob er Menschen mag und sich mit anderen Hunden verträgt, ob er in allen Lebenslagen selbstsicher und entspannt bleibt und nirgends unangenehm auffällt. Kurz gesagt, es entscheidet sich jetzt, ob ein Hund ein freundliches, zuverlässiges und geliebtes Familienmitglied werden wird.

Mangelnde Sozialisierung
Je länger es dem Zufall überlassen bleibt, was ein Hund in diesem Zeitraum lernt, und je später es systematisch in Angriff genommen wird, desto ungewisser

sind die Aussichten. Nach wissenschaftlichen Erkenntnissen stellen Versäumnisse in diesem Alter eine positive Entwicklung ernsthaft in Frage. Das Tragische daran ist, daß das nicht sofort, sondern erst Monate später augenfällig wird und kaum rückgängig gemacht werden kann.

Mangelnde oder schlechte Sozialisierung zeigt sich häufig nicht vor der eintretenden Geschlechtsreife. Die Hunde werden weniger kontrollierbar, manchmal auch nervös und ängstlich. Sie erscheinen unberechenbar, und ihre Unausgeglichenheit führt zu unangepaßtem Verhalten oder gar zu Aggressivität. So werden die Hunde lästig und hin-

derlich, und schließlich gibt man sie im Tierheim ab – in der Hoffnung auf ein passenderes Zuhause.

Allzu häufig endet dann alles damit, daß ein noch junger, gesunder und schöner Hund eingeschläfert werden muß, weil er überflüssig, unerträglich oder sogar gefährlich geworden ist.

DER EINFLUSS DES ZÜCHTERS

Da die Sozialisierung in der zweiten Lebenswoche beginnt, sollten Sie, wenn möglich, schon den Züchter gezielt aussuchen. Er hat nicht nur durch die Auswahl der Elterntiere ganz entscheidenden Einfluß auf die angeborenen Anlagen ei-

nes Hundes. Durch die Umgebung, die er seinen Hunden bietet, legt er in den ersten Lebenswochen auch die Grundlagen für die Sozialisierung der Welpen. Es ist also ratsam zu wissen, woher ein Hund stammt. Besuchen Sie Züchter, Hündin und Welpen ruhig mehrmals vor dem Kauf, damit Sie sehen, wie Ihr zukünftiges Familienmitglied aufwächst. Züchter, die Interesse an ihren Hunden haben, bestehen häufig sogar darauf, Sie vorher kennenzulernen. Ein Züchter, der Besuch ablehnt, hat vielleicht anderes im Auge als Ihre Interessen.

GUTE KINDERSTUBE

Ein Hundekind, das mitten in einer geräuschvollen, lebhaften Menschenfamilie mit Kindern und womöglich auch noch mit anderen Haustieren seine ersten Lebenswochen verbringt und dabei gute Erfahrungen macht, hat keinen Anlaß, sich vor Unruhe, Menschen, Lärm und anderen Haustieren zu fürchten.

Der gesamte Wurf sollte einen zufriedenen und zutraulichen Eindruck machen. Achten Sie ebenfalls auf die Hunde, mit denen die Welpen zusammenleben. Ängstliche oder aggressive Hunde, besonders

Viele Hunde landen im Tierheim, weil im Welpenalter entscheidende Fehler gemacht wurden.

Schon beim Züchter sollten die Welpen mit dem Autofahren vertraut gemacht werden.

wenn das die Mutter betrifft, können durch ihr eigenes Verhalten den Welpen schon ein schlechtes Beispiel gegeben haben. Idyllische Ruhe und Abgeschiedenheit, vor allem aber wenig Kontakt mit Menschen, sind keine guten Voraussetzungen für die Entwicklung eines jungen Hundes zum Familien- und Stadthund. Ein Welpe, der frühzeitig mit 6 Wochen von seinem neuen Besitzer abgeholt wird, hat allerdings noch gute Chancen. Mit jeder weiteren Woche, die verstreicht, wird es jedoch schwerer, aus einem solchen Hund ein glückliches, angstfreies und bere-

chenbares Familienmitglied zu machen.

VORSICHT: Ein Welpe, der älter als 14 Wochen ist, bevor er aus einem derartigen Zwinger wegkommt, hat schon schwere, nicht wiedergutzumachende Schäden davongetragen. Aber leider ist das nicht auf den ersten Blick sichtbar. Wenn Sie es merken, ist es nicht mehr rückgängig zu machen.

ABHOLEN VOM ZÜCHTER

Sie sollten einen Welpen also möglichst früh vom

Züchter übernehmen. Machen Sie nur dann eine Ausnahme, wenn positiver, enger und häufiger Kontakt des Welpen mit Menschen jeder Altersstufe und jeden Geschlechts garantiert ist. Der Züchter selbst sollte Interesse an einer guten Sozialisierung seiner Hunde zeigen und bereit sein, aktiv daran zu arbeiten.

Die Besuche beim Züchter haben einen weiteren Vorteil: Sie und Ihr kleiner Hund haben sich schon kennengelernt und angefreundet. Vielleicht haben Sie ja sogar schon Autofahren geübt. Das macht das Abholen leichter. Was für Sie nämlich ein freudiges Ereignis ist, bedeutet für den Welpen einen riesigen Schock: Gleichzeitig verliert er Mutter, Geschwister und die gewohnte Umgebung. Das erregt Angst. Er könnte das mit dem Autofahren verbinden, sein ganzes Leben davor Angst haben und sogar erbrechen.

Versuchen Sie, die Situation zu entschärfen. Das Ziel ist nicht, so schnell wie möglich zu Hause zu sein, sondern so schonend und vergnügt wie möglich. Knallen Sie nicht mit den Autotüren, fahren Sie langsam. Füttern Sie kleine Leckerbissen, am besten von seinem gewohnten Futter. Halten Sie unterwegs häufig an und gehen

Sie mit Ihrem Hundekind Gassi. Wenn es tatsächlich ein Geschäftchen macht, verdient es ein großes Lob und einen Leckerbissen. Und schimpfen Sie nicht, wenn es sich trotz aller Vorkehrungen übergibt!

DER ERSTE TIER-ARZTBESUCH

Sobald nun Ihr kleiner Hausgenosse bei Ihnen eingezogen ist, befinden Sie sich in einer Zwickmühle. Auf der einen Seite muß an der Sozialisierung gearbeitet werden. Der Welpe sollte unter anderem mit Hunden möglichst viel Kontakt haben, sonst gehen schon vorhandene Ansätze wieder verloren. Andererseits gibt es sehr gefährliche ansteckende Hundekrankheiten wie Staupe und Parvovirose. Bevor ein Hund Kontakt mit anderen Hunden hat, sollte er geschützt sein.

IMPFSCHUTZ

Machen Sie also am besten den ersten Tierarztbesuch innerhalb weniger Tage nach Erwerb des Welpen. Dafür gibt es mehrere Gründe. Wenn eine Hündin geimpft ist, gibt sie nach der Geburt über die Muttermilch Schutzstoffe an die Welpen weiter, die gegen die oben erwähnten Krank-

heiten schützen. Diese sogenannten Antikörper werden im Lauf der ersten Lebenswochen abgebaut. Die Geschwindigkeit, mit der das passiert, ist abhängig von verschiedenen Faktoren und von Welpe zu Welpe individuell verschieden. Ein bei der Impfung noch vorhandener guter mütterlicher Schutz, also ein hoher Anteil an Antikörpern, neutralisiert die Impfung und macht sie zum großen Teil unwirksam. Das Abklingen des Immunschutzes ist leider nicht sichtbar, und so fällt es schwer, den am besten geeigneten Zeitpunkt für die Impfung zu bestimmen: Ist es zu früh, wird die Impfung zu einem großen Teil neutralisiert und wirkt nicht richtig, weil kein oder nur ein ungenügender Impfschutz gebildet wird; ist es zu spät, läuft der betreffende Hund in der Zwischenzeit ohne Schutz herum und ist gefährdet.

TIP: Ein Welpe sollte zur Grundimmunisierung mindestens 2x im Abstand von mindestens 4 Wochen geimpft werden. Nach neuesten Erkenntnissen wird sogar eine dritte Impfung empfohlen. Impfungen vor der 12. Lebenswoche schützen grundsätzlich nicht genügend.

PARASITENBEFALL

Ebenfalls mit der Muttermilch können Wurmlarven übertragen werden, die unter Umständen auch Menschen befallen und bewirken können, daß ein Hund durch die Impfung erkranken kann. Daher sollte in jedem Fall eine Stuhlprobe untersucht werden. Nur das kann den Befall mit Darmparasiten ausschließen. Verlassen Sie sich bitte auch nicht nur auf Auskünfte des Züchters, was Impfungen und Entwurmungen angeht. Ein Züchter muß fachlich nicht auf dem neuesten Stand der Tiermedizin sein. Der beste Ansprechpartner für derartige Fragen ist Ihr Tierarzt.

Ruhige und idyllische Aufzucht ist nicht unbedingt die beste Grundlage für einen Stadthund.

Grundübungen

Richtiges Verhalten von Anfang an

Der Welpe kann sofort lernen, was wir von ihm wünschen, und bekommt seinen Platz in der Rangordnung.

Ein Ort der Geborgenheit

Durch ihre Rassezugehörigkeit sind Hunde naturgemäß verschieden. Es können auch nicht alle gleich klug sein und gleich schnell lernen. Was der eine rasch versteht, muß mit einem anderen öfter geübt werden.

VERSTÄNDIGUNG

Erwarten Sie deshalb bitte grundsätzlich keine Wunder. Da Welpen allerdings sehr beweglich und unternehmungslustig sind, überschätzt man sie oft und erwartet häufig zuviel. Dabei wird leicht vergessen, wie kindlich ein junger Hund in Wirklichkeit noch ist. Zudem versteht er die menschliche Sprache nicht. Wir Menschen übersehen das gern und legen bei der Erziehung viel Wert auf Worte und Befehle.
Wir sollten am Anfang lieber ein Mittel einsetzen, das Hunde selbst zur Verständigung benutzen und schneller und besser verstehen können: Körpersprache. Also zeigen wir doch, was wir wollen, anstatt lange darüber zu reden!

STUBENREINHEIT

Nehmen Sie an, Sie seien in China. Sie können Chinesisch nicht sprechen, nicht verstehen und auch nicht le-

Solche spielerischen Raufereien sind wichtig.

sen. Und jetzt brauchen Sie dringend eine Toilette. Nützt es ihnen viel, wenn man Ihnen den Weg erklärt?

In dieser Lage befindet sich Ihr neuer Mitbewohner irgendwann im neuen Heim. *Zeigen* Sie ihm deshalb, wo es langgeht. Es ist wichtig, ihn schon vom ersten Moment an keinen Fehler machen zu lassen. Dazu braucht er Ihre Hilfe, also halten Sie bitte die Augen offen.

Wie geht's am besten?

Gehen Sie jedesmal, wenn Ihr kleiner Hund aufwacht, mit ihm an die Stelle, an der er sein Geschäft machen darf. Das sollte eine grasige und/oder gut aufsaugende Stelle sein. Wenn es eilig ist, tragen Sie ihn am besten. Setzen Sie ihn ab, und wenn er sein Geschäftchen ordentlich erledigt, hat er ein großes Lob und eine Belohnung verdient. Geizen Sie damit keinesfalls! So lernt er schnell, daß es vorteilhaft ist, an einer bestimmten Stelle etwas Bestimmtes zu tun.

TIP: Meist ist das nächste Geschäft nach ungefähr einer Stunde fällig. Wiederholen Sie daher am Anfang diese Übung stündlich, zusätzlich auch jedesmal nach dem Fressen.

Im Spiel mit den Geschwistern beginnen die Welpen bereits, die Beißhemmung zu lernen.

Was lernt er, wenn Sie ihn bestrafen?

Während der Erziehung zur Stubenreinheit sollten Sie Ihren Hund niemals bestrafen, wenn dabei etwas schiefgeht.

Es war nicht sein, sondern Ihr Fehler, weil Sie nicht auf ihn geachtet haben. Außerdem lernt er durch eine Strafe nicht das, was Sie ihm eigentlich beibringen wollen, sondern etwas ganz anderes.

Stellen Sie sich die Situation einmal vor: Er sucht und findet schließlich eine gut aufsaugende Stelle auf Ihrem Perserteppich, von sei-

nem Standpunkt aus wunderbar geeignet. Nach der alten Methode nehmen Sie den Welpen, drücken seine Nase in die Pfütze und schütteln ihn leicht am Nackenfell. Dann tragen Sie ihn nach draußen und zeigen ihm eine Stelle, wo Sie persönlich seine Pfütze lieber hätten.

Sie denken, er hat verstanden, daß er nicht in der Wohnung pinkeln soll. Er jedoch hat etwas anderes gelernt:

▶ Nicht an dieser Stelle pinkeln.

▶ Laß dich nicht dabei erwischen.

▶ Menschenhände sind unberechenbar.

Besonders der letzte Punkt belastet die weitere Erziehung.

EIN GITTERBETT FÜR EINEN HUND?

Wenn Sie sehr viel zu tun haben und den Welpen nicht unausgesetzt im Auge behalten können, lassen Sie Ihn lieber nicht frei und unbeaufsichtigt in der ganzen Wohnung herumlaufen. Fehler sollten, wie gesagt, von Anfang an möglichst vermieden werden. Sorgen Sie dafür, daß er einen Platz hat, den er nicht ohne Ihre Hilfe verlassen kann. Hunde beschmutzen ihr Bett oder ihren Futterplatz

nicht, sofern sie es vermeiden können. Also ist ein Schlaf- und Spielplatz, den Sie bei Bedarf zumachen können, damit er nicht raus kann, die einfachste Lösung. Es gibt so etwas im Zoofachhandel. Das Ganze ist eine vorübergehende Maßnahme, und für einen guterzogenen Hund winkt im Gegenzug dafür ein Leben voller Freiheit. Außerdem ist natürlich keinesfalls gemeint, den Welpen den ganzen Tag an diesem Platz einzusperren und nur stündlich für sein Geschäft nach draußen zu lassen!
Wenn man es richtig macht, ist es nicht gefängnisartig, sondern ähnlich wie ein Laufstall für Kinder. Hunde lieben Höhlen und einen eigenen Platz. Hier gibt es

Spielsachen und wunderbare Kauknochen. So wird dieser Platz rasch zum Lieblingsaufenthaltsort bei Ruhepausen.
Die ganze Prozedur dauert meist 3 bis 6 Wochen, und manche Hunde lernen sogar noch schneller, stubenrein zu werden.

DER ERSTE TAG

Alles, was Sie am ersten Tag tun oder Ihrem Hund erlauben, kann ungeahnte Folgen haben. Gestalten Sie also schon diesen Tag möglichst so, wie die Tage in Zukunft sein sollen.
Lassen Sie Ihren Hund schon am ersten Tag nur tun, was er als Erwachsener auch darf. Vieles, was an einem Welpen nicht stört oder sogar als lustig gilt, kann beim erwachsenen Hund unerträglich werden. Es wäre nicht gerecht, ihn dann für etwas zu tadeln, was er durfte, solange er klein war. Vielleicht hat man es ihm sogar unabsichtlich beigebracht, indem man darüber geschmunzelt hat.
Es kann sehr schwierig, zeitaufwendig und möglicherweise teuer werden, einmal eingefahrene Verhaltensmuster zu ändern. Beugen Sie vor und lenken Sie die normale Entwicklung gleich in die richtige Bahn.

Wenn ein Welpe mit Futter und Spielzeug erst einmal an eine Box gewöhnt ist, wird sie gern für Ruhepausen benützt.

ALLEIN DAHEIM

So ist es zum Beispiel nicht gut, wenn der Kleine an diesem ersten und vielleicht an den folgenden Tagen pausenlos die Aufmerksamkeit aller Menschen im Haus genießt und maßlos verwöhnt wird. Auch wenn es Ihnen selbst schwerfällt, gleich jetzt ist der richtige Zeitpunkt, zwischendurch auch Pausen zu machen.
Gehen Sie ganz absichtlich mal unauffällig einen Moment ins Nebenzimmer und lassen Sie ihn kurz allein, ohne sich lange zu verabschieden. Loben Sie ihn beim Zurückkommen, wenn er einfach auf seinem Platz geblieben ist, allerdings nicht zu überschwenglich.

TIP: Üben Sie das Alleinbleiben mehrmals täglich, später mit kurz geschlossener Tür, dann mit kurzem Verlassen der Wohnung. Tragen Sie einfach den Müll raus. Machen Sie aus dem Weggehen kein Drama. Sorgen Sie dafür, daß der Kleine müde und satt auf seinem Plätzchen liegt und ein attraktives Spielzeug in Reichweite hat, mit dem er sich auch einen Moment allein beschäftigen kann. Dehnen Sie die Dauer Ihrer Abwesenheit langsam aus.

Mundwinkellecken ist ein Zeichen von Unterordnung.

Das ist ein erster Schritt, um zu vermeiden, daß Sie eines Tages einen erwachsenen Hund mit Trennungsangst haben, der, allein gelassen, die ganze Nachbarschaft zusammenheult oder Ihre Wohnung zerlegt.

HOCHSPRINGEN

Obwohl sich Hunde inzwischen natürlich stark von Wölfen unterscheiden, kann man eine ganze Reihe von Verhaltensweisen sehr viel leichter erklären und verstehen, wenn man betrachtet, wozu sie beim Wolf gedient haben bzw.

dienen. Ganz junge Wölfe, die ihre Mutter begrüßen, versuchen, an deren Mundwinkel zu gelangen, diese anzustupsen und zu lecken. Das veranlaßt die Wölfin, das Futter, das sie erjagt und im Magen zum Bau getragen hat, für ihre Welpen wieder hervorzuwürgen. Aus diesem Verhalten entwickelt sich ein Begrüßungsritual, das zeitlebens angewendet wird: der Rangniedere versucht unter anderem, dem Ranghöheren die Mundwinkel zu lecken. Dieses Verhalten ist auch bei Hunden noch vorhanden. Welpen versuchen, an das

Unerwünschtes Hochspringen wird stets ignoriert. Lob, Belohnung und Zuwendung gibt es erst, wenn der Hund manierlich sitzt.

menschliche Gesicht zu gelangen, die Mundwinkel zu lecken, und springen dazu hoch. Beides ist uns Menschen nicht sonderlich angenehm, besonders dann nicht, wenn ein Hund 20 oder 30 kg schwer ist. Hochspringen ist also eine Geste der Unterordnung, und so ist Schimpfen natürlich keine geeignete Gegenmaßnahme. Je mehr Sie

schimpfen, desto mehr springt Ihr Hund hoch und versucht, Ihre Mundwinkel zu lecken, um seine Unterwürfigkeit zu demonstrieren. Auch Wegschieben nützt nicht viel, weil sich daraus für Ihren Hund ein Spiel entwickelt, mit dem er Ihre Aufmerksamkeit erringen kann. Ohne es zu wollen, trainieren Sie ihn damit, Sie anzuspringen.

Hochspringen abgewöhnen

Bleiben Sie einfach reaktionslos stehen, wenn Ihr kleiner Hund an Ihnen hochspringt. Reden Sie nicht mit ihm und schauen Sie ihn auch nicht an. Wenn er sich irgendwann mehr oder weniger zufällig hinsetzt, bücken Sie sich sofort, geben ihm ein Hundebonbon und loben und strei-

cheln ihn. Hören Sie mit Loben und Streicheln auf, sobald er aufsteht oder wieder hochspringt.

Auch Besucher und alle anderen Familienmitglieder sollten sich so verhalten. Nach wenigen Wiederholungen dieser Übung haben Sie einen Hund, der aufmerksam vor Ihnen sitzt, anstatt an Ihnen hochzuspringen. Er weiß, Sie sind leicht erziehbar: Er hat Ihnen beigebracht, ihn zu belohnen, sobald er sich hinsetzt.

Aber bitte übersehen Sie nicht den kleinen Hund, der anständig und ruhig dasitzt. Loben Sie ihn ab und zu!

RANGORDNUNG

Im Zusammenleben eines Wolfrudels ist es sinnvoll und notwendig, ernsthafte Kämpfe mit daraus folgenden Verletzungen einzelner Rudelmitglieder zu vermeiden. Gesundheit und Einsatzfähigkeit jedes einzelnen ist für eine erfolgreiche Jagd und ausreichende Nahrungsversorgung des gesamten Rudels von Bedeutung. Verletzungen einzelner Tiere mindern die Überlebenschancen für alle. Eine feste Rangordnung verringert ernsthafte Kämpfe. Die Tiere verständigen sich durch Mimik und Körper-

sprache und bestätigen so die bestehende Hierarchie. An die Regeln hält sich jeder, und jeder kann sich darauf verlassen. Ernsthaftere Streitigkeiten treten allenfalls zwischen Tieren mit geringem Rangunterschied auf.

Die Welpen werden in diese Gemeinschaft hineingeboren und lernen frühzeitig Spielregeln, Körpersprache und ihren Rang aus dem Verhalten der anderen Gruppenmitglieder im Wolfsrudel.

Wie lernt ein Hund seinen Rang?

Im Gegensatz zu jungen Wölfen werden die meisten Hundewelpen nicht in ein Rudel hineingeboren, sondern in eine Familie bestehend aus der Mutterhündin und den Geschwistern. Meist besteht auch Kontakt mit der Familie des Züchters. Schon in frühester Jugend geht es dann in eine andere Menschenfamilie. Über die Rangverhältnisse herrschen zu diesem Zeitpunkt keine Zweifel: Die Mutter ist ranghöher, und natürlich alle Menschen in der neuen Umgebung. In den folgenden Wochen lernt der Welpe dann aus dem Verhalten dieser Menschen, sozusagen der Rudelmitglieder, seinen eigenen Rang.

Kennzeichen für hohen Rang

Die Kennzeichen für einen hohen Rang sind in einem Rudel ähnlich wie in einer Menschengruppe. Wer einen hohen Rang hat, darf mehr. Der Ranghöchste darf alles. Er kann seinen Schlafplatz wählen und belegt meist den besten. Er hat jederzeit freien Zugang zu der verfügbaren Nahrung und frißt zuerst. Er hat Zugang zu allem, wann immer er will.

Ein rangniederes Rudelmitglied hat/darf das alles nicht. Es muß den Platz räumen, Spielsachen oder Futter dem ranghöheren Tier überlassen, wenn dieses das wünscht, und darf erst ans Fressen, wenn es dem Ranghöheren recht ist. Die Entscheidung liegt beim Ranghöheren. Der kann allerdings auch entscheiden, daß sein Hunger gestillt ist, und daher den Rest Futter dem anderen überlassen. Im Verhältnis von Mensch und Hund ist eigentlich in keiner Weise fraglich, wer der Dominante ist. Ein Mensch hat jederzeit Zugang zu allem, seien das Spielsachen, Schmuseeinheiten oder Futter. Er macht Kühlschrank oder Dosen auf. Er beschließt, wann man spazierengeht.

Dennoch gibt es häufig Probleme auf diesem Gebiet,

wenn Hunde erwachsen sind. Die Ursache dafür ist offensichtlich: der Mensch gestattet dem Hund jederzeit freien Zugang zu allen Annehmlichkeiten des Lebens. So gewinnen Hunde den Eindruck, sie seien ranghoch.

Die Rangordnung klarstellen

Für einen Hund sollte von Anfang an nicht der geringste Zweifel über seinen eigenen Rang aufkommen. Nehmen Sie also die oben erwähnten Rechte des Ranghöheren eindeutig in Anspruch.
Zeigen Sie Ihrem Hund, daß Sie alles kontrollieren. Von

Ihnen hängt ab, ob es Fressen gibt, gespielt wird und welche Richtung beim Spaziergang eingeschlagen wird. Auch bequem neben Ihnen liegen oder Schmusen unterliegt Ihrer Entscheidung. Überlassen Sie sie nicht Ihrem Hund. Gleichgültig, wie niedlich er ist, manchmal müssen Sie sich rar machen. Brechen Sie ein Spiel ab, bevor er aufhört. Hören Sie mit Schmusen auf, ehe er das tut, und ähnliches.
Ihr Hund soll wahrnehmen, daß Sie über alles verfügen. Er bekommt erst etwas, wenn Sie das gestatten und wenn er zuvor etwas für Sie getan hat. Wenn Sie frei für

Ihren Hund verfügbar sind, vermittelt ihm das die Informationen, die ihn verwirren und zu Schwierigkeiten führen können.
Eine klare Rangordnung macht die Situation für einen Hund eindeutig und erleichtert ihm, den eigenen Platz in der Gemeinschaft zu finden. Dann sind später kaum Dominanzprobleme zu erwarten. Streitigkeiten auf diesem Gebiet entstehen erst, wenn der Rangunterschied nicht deutlich und groß genug ist.

TIP: Zu Ihrem höheren Rang gehört auch, daß Ihr Hund sich von Ihnen jederzeit und überall am ganzen Körper anfassen lassen muß. Das ist im übrigen für die normale Körper- und Fellpflege unerläßlich. Sie müssen jede einzelne Kralle, die Zehenzwischenräume, die Ohren und jeden Zahn ohne Gegenwehr anschauen dürfen.

Am leichtesten lernt das ein junger Hund, wenn alles auch für ihn selbst wünschenswert ist. Es wäre gut, wenn er es liebt, angefaßt zu werden. Gehen Sie also sanft vor, und machen Sie das Ganze für ihn zum Vergnügen. Sorgen Sie am besten am Anfang dafür, daß er Hunger hat. Eine

Solches Aufreiten wirkt lustig, ist aber eine Dominanzgeste, die dem Welpen nicht gestattet werden darf.

Der Welpe lernt, sich überall am Körper anfassen zu lassen.

Futterbelohnung versüßt das Stillhalten und sorgt für Duldsamkeit. Geben Sie ihm, während Sie an ihm herumzupfen und alles kontrollieren, immer wieder einen Bissen zu essen. So haben Sie zwei Fliegen mit einer Klappe geschlagen: Ihr Hund möchte etwas von Ihnen, nämlich Futter. Er bekommt es erst, wenn er alles anschauen läßt. Sie haben die Kontrolle, und er lernt: was immer Sie tun, ist angenehm. Je vergnüglicher Sie die ganze Sache gestalten, desto lieber macht er mit.

Alles muß regelmäßig und häufig geübt werden. Tun Sie das auch, wenn Ihr Hund tägliche Fellpflege nicht nötig hätte. Sie müssen nicht immer gleich den ganzen Hund bearbeiten, aber Sie sollten jeden Tag ein wenig machen. Von allein lassen sich viele Hunde diese Dinge nicht gefallen, deswegen muß man sie daran gewöhnen. Also lassen Sie ihn nicht einfach entwischen, wenn er mal nicht mag. Es gibt unzählige Hunde, die sich und ihren Besitzern das Leben schwermachen, weil das nie mit ihnen geübt wurde.

SACHEN ZERKAUEN

Ganz normales Hundeverhalten wird zum Verhaltensproblem, wenn es zur falschen Zeit, am falschen Ort oder am falschen Objekt ausgeführt wird. Das Zerkauen von Gegenständen ist normales Verhalten, das verstärkt in der Zeit des Zahnwechsels auftritt. Am falschen Gegenstand ausgeführt, kann es nicht nur ärgerlich und teuer, sondern für einen Hund unter Umständen sogar lebensgefährlich werden. Es sollte also rechtzeitig in die richtigen Bahnen gelenkt werden. Gefährliche Gegenstände dürfen nicht in Reichweite eines jungen Hundes sein.

Statt dessen sollte geeignetes Kauspielzeug angeboten werden, das er nicht verschlucken oder zerstören und in kleinen Teilen verschlucken kann. Es gibt Hundespielsachen, die Sie am Anfang attraktiver machen können, indem Sie Futter hineinstopfen. Dadurch kann man das Interesse des Hundes gezielt auf Objekte richten, die für ihn nicht schädlich sind und ihn davon abhalten, Dinge zu zerkauen, die man nicht zerkaut haben will. Lehren Sie ihn also, ein Kauspielzeug zu lieben, und beugen Sie anderen Vorlieben dadurch vor. Durch besonders attraktiv gemachtes Kauspielzeug können Sie ihn trainieren, zum Zeitvertreib zu kauen, ähnlich wie Menschen Kaugummi kauen, da es eine lustbetonte Beschäftigung ist. Es ist einfach nützlich,

Spielzeug geben zeigt dem Hund, daß der Mensch ranghöher ist.

wenn Ihr Hund zur Beschäftigung in Ihrer Abwesenheit zum Kauspielzeug greift. Lesen oder fernsehen kann er ja leider nicht. Außerdem: Kauende Hunde bellen nicht! Darüber freuen sich dann die Nachbarn. Lassen Sie ihn gar nicht erst gebrauchte Schuhe oder andere Kleidungsstücke nehmen. Es gibt keine Garantie, daß er immer richtig wählen wird und nicht eines schönen Tages Ihre neuen, nur einmal getragenen Schweinslederhandschuhe attraktiv findet.
Geben Sie ihm keine Möglichkeit, Fehler zu machen.

BEISSHEMMUNG

Wie schon erwähnt, werden im Wolfsrudel Auseinandersetzungen mit Verletzungsgefahr weitgehend ausgeschlossen, indem sich die einzelnen Gruppenmitglieder sehr deutlich über Körperhaltung und Mimik verständigen und so die Rangordnung laufend bestätigen. Um auch bei Spielen Verletzungen zu vermeiden, müssen Wölfe die Kraft und Gefährlichkeit ihres Gebisses einschätzen und kontrollieren können.
Früher dachte man, daß eine sogenannte Beißhem-

mung angeboren sei, die dafür sorgt, daß nicht fest zugebissen wird, wenn man es mit Familienmitgliedern zu tun hat. Heute wissen wir, daß dieses Verhalten erlernt werden muß, bevor der Zahnwechsel vollzogen ist.
Sobald junge Wölfe aktiv werden, balgen sie mit ihren Geschwistern herum und fangen an, ihre Mutter und andere erwachsene Tiere zu belästigen und an Schwänzen und Ohren zu ziehen. Zu Beginn dulden diese das auch, aber wenn die Welpen etwas größer werden, werden sie deutlich in ihre Schranken gewiesen, wenn sie zu grob sind. Auch die Geschwister brechen ein Spiel unter Wehgeschrei ab, wenn einer zu fest zukneift. Das Ende des Spiels liegt natürlich nicht in der Absicht des Grobians, also geht er das nächste Mal mit seinen Zähnen vorsichtiger um.

Lehren der Beißhemmung
Auch Hundewelpen müssen erst lernen, mit ihren Zähnen vorsichtig umzugehen. Bei einem Welpen, der ab 6 Wochen in einer Menschenfamilie lebt, müssen Menschen diesen noch nicht abgeschlossenen Lernprozeß weiterführen, damit der kleine Hund eine Beißhemmung entwickeln kann.

Die Welpenzähne sind nadelspitz.

Wenn einer zu fest zwickt, wird der andere schreien und nicht mehr weiterspielen wollen.

TIP: Sobald also Ihr Welpe im Spiel seine Zähne einsetzt, sollten Sie rasch und eindeutig reagieren: Schreien Sie laut und hoch auf, unterbrechen Sie das Spiel. Wenden Sie sich ab und ignorieren Sie ihn für kurze Zeit. Das zeigt ihm, daß Sie an so groben Spielen kein Interesse haben.

Schreien Sie *jedesmal* laut auf, ob er nun in Ihre Haut oder auf Kleidungsstücke beißt, wo Sie nichts spüren. Er muß lernen, mit Menschen immer vorsichtig zu sein. Er darf nicht die Botschaft bekommen: Haut – Zähne dürfen nicht dran; Jackenärmel – da darf man fester beißen. Vielleicht sind Sie ja doch mal unter dem Stoff an der Stelle, wo er sei-

ne Zähne fester einsetzt, und das könnte für Sie dann höchst unangenehm werden.
Ziehen Sie bei diesen Übungen Ihre Hand nicht weg, da das zum Nachschnappen reizt. Erst nach einem kurzen Augenblick darf wieder weitergespielt werden – die Aufforderung sollte aber von Ihnen ausgehen. Wenn Sie sowie alle anderen Fami-

lienmitglieder so vorgehen, wird der Welpe seine Zähne immer vorsichtiger einsetzen und schließlich ganz damit aufhören.
So lernt der Welpe:
▶ Zähne setzt man im Spiel nicht ein.
▶ Beißen ist nicht geeignet, um Zuwendung zu erlangen.
▶ Alle Familienmitglieder sind ranghöher.

RANGORDNUNG KLARSTELLEN

▶ Füttern Sie ihn erst, wenn Sie mit Essen fertig sind.
▶ Kämmen und bürsten Sie ihn täglich, auch wenn es nicht unbedingt erforderlich wäre.
▶ Lassen Sie ihn nicht beim Spielen beißen.
▶ Beenden Sie Spiele, bevor er es tut.
▶ Lassen Sie ihn jedesmal,

bevor etwas Schönes für ihn passiert, eine kleine Gegenleistung erbringen, z.B. „Sitz", ehe er aus dem Auto aussteigen darf oder bevor er gestreichelt wird.
▶ Ändern Sie beim Spaziergang häufig überraschend die Richtung.
▶ Seien Sie nicht frei für Ihren Hund verfügbar.

Bei jungen Welpen besteht noch eine sehr große Bindung an den Menschen.

Aufmerksamkeit und Belohnung

So macht Lernen Spaß

*Ein Hund kann später nur das aus-
führen und befolgen, was man ihm
vorher beigebracht hat. Die Voraussetzungen für erfolgreiches Lernen
sind Bindung und Aufmerksamkeit.
Eindeutige Signale und erwünschte
Belohnungen führen bei der Welpenschule schnell zum Erfolg.*

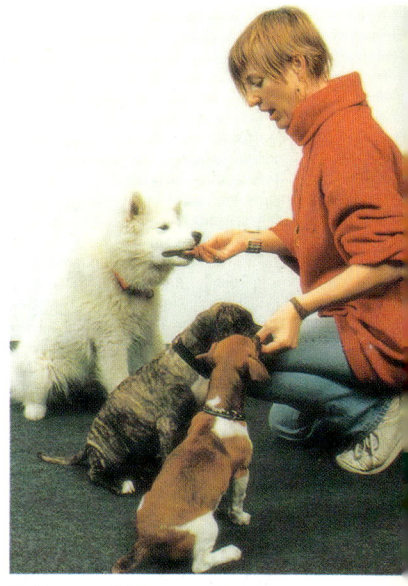

**Futter weckt immer die ge-
wünschte Aufmerksamkeit.**

„Komm!" – eine der wichtigsten Übungen.

Zunächst dient ein Futterbrocken als Lockmittel, später reicht allein die Handbewegung aus.

Zu Beginn haben Welpen eine sehr enge Bindung an die Mutter. Als Schutz, Wärme- und Nahrungsquelle ist sie äußerst wichtig. Mit zunehmendem Alter steigt die Selbständigkeit der Welpen. Sie werden unabhängiger und lösen sich langsam von der Mutter.

Diese enge Bindung überträgt ein Welpe zunächst auf den oder die Menschen, zu denen er kommt. Solange Ihr Hund noch sehr jung ist, klebt er daher wahrscheinlich an Ihnen wie eine Klette. Es ist fast lästig und kaum vorstellbar, daß sich das jemals ändern könnte. Aber je älter er wird, desto lockerer wird die Bindung. Spätestens in der Pubertät kommt dann der Tag, an dem Ihr Hund Sie draußen ignoriert, weil es für ihn Wichtigeres gibt. Wenn Sie Ihren Hund jedoch erfolgreich etwas lehren wollen, ist es unerläßlich, daß er auf Sie achtet. Sie können ihm nur dann etwas beibringen, wenn er aufmerksam ist und auf Sie hört. Deswegen sollten Sie der Loslösung des Hundes, die mit dem Erwachsenwerden verbunden ist, entgegenwirken.

BINDUNG VERSTÄRKEN

Füttern Sie Ihren Hund häufig aus der Hand, anstatt ihm einfach sein Futter im Napf hinzustellen. Damit erreichen Sie verschiedene Dinge:

▶ Die Bindung an Sie wird verstärkt.

▶ Ihre Hand wird als positiv registriert.

▶ Ihr Hund vertraut Ihren Handbewegungen und liebt es, wenn Ihre Hand auf seinen Kopf zukommt, selbst wenn es einmal schnell sein sollte.

▶ Er lernt, auf Ihre Handbewegungen zu achten.

▶ Es wird ihm vor Augen geführt, daß Sie über das Futter verfügen, also ranghöher sind als er.

Der günstigste Zeitpunkt, eine enge Bindung zu formen, ist in diesem Alter. Später wird es sehr viel schwieriger oder gar unmöglich. Er muß jetzt lernen, daß alles in seinem Leben von Ihnen abhängig ist. Das heißt: Nichts passiert ohne Ihre Zustimmung, ohne Sie ist nichts möglich, ganz besonders nichts Vergnügliches.

Überlassen Sie Ihren Hund

daher beim Spazierengehen nie zu lange sich selbst. Während er nämlich alle Düfte der Welt einsaugt und allein seinen Spaß hat, lernt er, daß das wirkliche Leben ohne Sie stattfindet. Er beginnt sich draußen sein Vergnügen allein zu suchen und entfernt sich innerlich immer weiter von Ihnen.

Sorgen Sie dafür, daß Sie an allem, was Ihr Hund bei Spaziergängen unternimmt, irgendwie beteiligt sind. Spielen Sie mit ihm und machen Sie unterwegs häufig kleine Übungen. Lassen Sie ihn möglichst wenig allein und ungestört unternehmen.

Er soll dabei aber merken, daß alles, was er mit Ihnen und auf Ihre Aufforderung hin tut, für ihn selbst Vorteile hat. Geben Sie ihm gute Gründe, etwas für Sie zu tun. Lassen Sie sich gute und begehrenswerte Belohnungen einfallen.

Das Wirksamste und damit Beste ist, wenn er das tun oder haben darf, was er gerade am liebsten tun oder haben möchte. Aber zuvor sollte er etwas für Sie tun, zum Beispiel einfach herkommen.

AUFMERKSAMKEIT

Machen Sie für Ihren Hund von Anfang an den Unter-

TIP: Gewöhnen Sie ihn nicht daran, daß sein Name, ähnlich wie eine Kuhglocke, dauernd ertönt. Belohnen Sie nur Reaktionen auf einmalige Nennung des Namens. Sonst hört er immer, wo Sie sind, und sein Name an sich wird unwichtig. Er reagiert dann nicht mit Aufmerksamkeit, wenn Sie es wollen.

schied zwischen seinem Namen und der Aufforderung „Komm!" deutlich erkennbar. Sein Name bedeutet: „Du bist gemeint! Paß auf!" Im Gegensatz dazu ist „Komm!" schon eine klare Forderung, etwas Bestimmtes zu tun, nämlich: „Wo immer du bist, komm jetzt zu mir her!"

Führen Sie die Übungen, die der Erringung der Aufmerksamkeit dienen, sehr präzise aus: Üben Sie zu Beginn nur, daß er auf seinen Namen zuverlässig reagiert. Dazu sprechen Sie seinen Namen einmal deutlich aus und belohnen ihn, wenn er darauf reagiert und zu Ihnen schaut.

Wenn Sie zum Beispiel beim Fernsehen sitzen und ihn neben sich haben, sprechen Sie seinen Namen deutlich aus. Wenn er dann den Kopf hebt oder Sie anschaut, streicheln Sie ihn, aber bitte nicht nonstop,

sondern einfach nur kurz im Zusammenhang mit der erfolgten Reaktion.

Wenn Sie zufällig bemerken, daß er Sie anschaut, sprechen Sie seinen Namen deutlich aus, und streicheln Sie ihn gleichzeitig, falls er in Reichweite ist. Dadurch lernt er, im Zusammenhang mit seinem Namen angenehme Dinge zu erwarten.

HERKOMMEN

Sobald er auf seinen Namen deutlich mit Aufmerksamkeit reagiert, können Sie einen Schritt weiter gehen und die Aufforderung

Gespannte Aufmerksamkeit

„Komm!" anschließen. Das alles hört sich sehr leicht und fast etwas lächerlich an, aber „Komm!" ist wahrscheinlich das am meisten

Der Welpe wird herangelockt, nicht etwa gezogen.

nicht befolgte Wort in einem Hundeleben.
Trainieren Sie es, indem Sie erst den Namen Ihres Hundes aussprechen, und zwar nur einmal. Wenn er nicht aufmerksam wird, bedeutet das, daß Sie erst noch mehr mit dem Namen üben müssen. Es hat keinen Sinn und eher negative Folgen für das weitere Training, wenn Sie trotzdem weitermachen. Wenn er jedoch aufmerksam geworden ist und auf Sie achtet, sprechen Sie das Wort „Komm" deutlich aus und bewegen sich gleichzeitig weg von Ihrem Hund. Es macht die Sache leichter, wenn Sie dafür gesorgt haben, daß er hungrig ist, denn wenn Sie jetzt mit dem Futterschälchen weg-

gehen, haben Sie den Erfolg programmiert.
Sobald er Sie erreicht hat, bekommt er natürlich etwas zu fressen. Üben Sie das fürs erste von den verschiedensten Stellen in Ihrer Wohnung aus.
Beide Worte, „Komm!" ebenso wie der Name Ihres Hundes, sollten immer nur in einem angenehmen Zusammenhang verwendet werden. Das bedeutet, daß Sie Ihren Hund nicht beim Namen nennen oder gar herrufen sollten, um ihn auszuschimpfen. Herkommen sollte niemals negative Folgen haben, selbst wenn Sie eine halbe Stunde auf Ihren Hund gewartet haben und dem Explodieren nahe sind.

Die unausweichliche Folge von unangenehmen Erlebnissen im Zusammenhang mit Namen oder Herkommen ist eine Verschlechterung der Reaktion Ihres Hundes. Er wird seinen Namen weniger beachten, und er wird weniger gern und daher langsamer, später oder gar nicht in Reichweite Ihrer Hand kommen, wenn Sie ihn heranrufen.

ANSEHEN

Eine weitere Aufmerksamkeitsübung besteht darin, Ihren Hund zu lehren, Sie anzusehen. Das hört sich leichter an, als es ist: Anstarren ist bei Hunden eine Drohgeste und wird als ein Zeichen von Aggression gewertet. Für das weitere Training ist es andererseits günstig, wenn Sie mit Ihrem Hund Augenkontakt aufnehmen können.

Nehmen Sie daher ein Futterstückchen und halten Sie es sich selbst direkt vor die Stirn. Wenn er hungrig ist, wird er ihrer Handbewegung mit den Augen folgen. Sobald er Sie direkt ansieht, sagen Sie zum Beispiel „Paß auf!", „Achtung!" oder „Sieh her!" Benutzen Sie für Ihre Aufforderung immer denselben Begriff.

Wenn Sie Erfolg haben wollen, muß die Belohnung am Anfang augenblicklich erfolgen, innerhalb von etwa 2 Sekunden! Dadurch entsteht eine Verbindung zwischen Wort und Handlung. Er lernt, daß es sich lohnt, Sie anzusehen. Sie wiederum wissen, daß er aufmerksam ist, und können ihm so später zum Beispiel Zeichen geben, ohne dazu viel zu sagen. Dehnen Sie den Zeitraum des Anschauens langsam aus.

Auch bei Augenkontakt dürfen Sie Ihren Hund nicht bestrafen, anschreien oder schimpfen. Sie wären dann unberechenbar für ihn und nicht vertrauenswürdig. Man kann sich ja nicht auf Sie verlassen. Mal ist Anschauen eine Drohgeste - er hat's doch gewußt! - und dann wieder nicht?

TIP: Benutzen Sie den Namen Ihres Hundes und die Aufforderung zum Kommen nur in einem angenehmen Zusammenhang. Augenkontakt mit Ihnen, sein Name oder Herkommen darf niemals negative Folgen für Ihren Hund haben. Negative Erlebnisse in diesem Zusammenhang verschlechtern die Reaktion.

LERNEN MACHT SPASS

Durch die vorhergehenden Übungen können Sie jetzt jederzeit die Aufmerksamkeit Ihres Hundes auf sich lenken und dafür sorgen, daß er Sie anschaut. Er verfolgt aufmerksam Ihre Handbewegungen und hat keinerlei Scheu vor Ihrer Hand, auch wenn Sie

Das Herankommen muß immer etwas Positives für den Hund bedeuten.

schnell nach ihm greifen. Sie haben damit eine gute Grundlage geschaffen, um die für das tägliche Leben wichtigen Worte und Handlungen zu lehren.

POSITIVE VERSTÄRKUNG

Um die einzelnen Befehle schon ab einem Alter von 6 Wochen zu vermitteln, wenden wir die sogenannte positive Verstärkung an. Nach den neuesten Erkenntnissen über Gehirnfunktion und Lernverhalten ist die positive Verstärkung ein Grundprinzip des Lernens. Verhalten tritt öfter auf, wenn es belohnt wird. Man kann daher zufällig auftretendes erwünschtes Verhalten belohnen und so verstärken. Wenn man zum Beispiel einen Hund, der einen zufällig anschaut, sofort belohnt und gleichzeitig seinen Namen sagt, lernt er, auf seinen Namen zu hören. Wenn er zufällig herankommt, man gleichzeitig „Komm!" ruft und ihn für das Herkommen belohnt, lernt er, das Wort „Komm" mit dem Herkommen zu verbinden.

Wenn die Belohnung die richtige Wirkung haben soll, muß sie am Anfang in sehr engem zeitlichem Zusammenhang mit dem gewünschten Verhalten erfolgen, und zwar innerhalb von 2–3 Sekunden. Lernen mittels positiver Verstärkung macht allen Beteiligten Spaß. Geeignete Belohnungen wecken das Interesse des Welpen und motivieren ihn. So gewinnt er Freude daran, das zu tun, was Sie möchten.

Lilly ist aufnahmebereit für unser Kommando.

LOCKMITTEL

Wir verwenden zunächst Lockmittel, um den Welpen in die gewünschte körperliche Position zu locken bzw. zu führen. Lockmittel sind Gegenstände, an denen Ihr Hund Interesse hat und die leicht zu handhaben sind, z.B. ein interessantes Spielzeug, ein Lieblingshundebonbon oder Hundefutter. Zu Beginn des Trainings dient das Lockmittel dazu, dem Hund verständlich zu machen, was wir von ihm wollen. Wir ermutigen ihn damit zu dem erwünschten Verhalten. Jede Art von Zwang wird dadurch überflüssig. Es entstehen keine Aggressionen, und so kann, im Gegensatz zu vielen herkömmlichen Hundeerziehungsmethoden, auch kein Schaden angerichtet werden.

Sobald der Welpe die Übung gemacht hat, bekommt er das Lockmittel als Belohnung. Er wird auch erst beim Abschluß einer Übung angefaßt, da gibt es dann Streicheleinheiten als Teil der Belohnung.

BELOHNUNG

Im Unterschied zu einem Lockmittel kann die Belohnung ein Gegenstand oder eine Aktivität sein, zum Beispiel ein Hundebonbon,

Leckerli dienen als Lockmittel.

Streicheln, Loben, ein Spiel, ein Spaziergang. Die beste, das heißt die wirksamste Belohnung ist das, was der Hund in genau diesem Augenblick am liebsten machen oder haben möchte.

TIP: Es ist übrigens nicht gut, ausschließlich Futter als Belohnung einzusetzen, da es seinen Wert für den Hund verliert. Außerdem hat man nicht immer Futter zur Hand, wenn der Hund eine Belohnung verdient.

HANDSIGNALE

Erinnern Sie sich noch einmal an das, was ich weiter vorn über Körpersprache

Streicheln und Schmusen sind ersehnte Belohnungen.

gesagt habe: Hunde beachten unsere Körpersprache mehr als das, was wir sagen. Wir selbst legen bei der Ausbildung zu viel Wert auf die Sprache. Hunde lernen schneller, wenn man ihnen zeigt, was man will. Also konzentrieren wir uns am Anfang auf das Zeigen. Handzeichen machen das

Ganze für den Hund leichter verständlich. Sie werden sehen, das Training wird einfacher und erfolgreicher. Wenn man am Anfang bei den Übungen deutliche Handbewegungen macht, werden diese schließlich automatisch zu Handzeichen, weil der Hund die Bewegung der Hand mit seiner eigenen Körperbewegung und der Belohnung verbindet. Handsignale haben den Vorteil, daß man, ohne zu schreien, auch auf weitere Entfernungen mit dem Hund arbeiten kann. Voraussetzung ist, daß Ihr Hund Sie beachtet und Sie und Ihr Hund klare Handzeichen gelernt haben.

ÜBERFORDERUNG

Belohnen Sie eine Übung nicht erst zum Schluß, sondern während Sie daran arbeiten. Das steigert den Spaß und motiviert weiterzumachen. Seien Sie nicht zu versessen auf Perfektion, es soll vor allem Spaß machen. Vergessen Sie nicht: Sie haben es mit einem Kind zu tun. Üben Sie also nie lange, denn ein kleiner Hund kann sich noch nicht lange konzentrieren und ist schnell überfordert. Versuchen Sie, bei Übungen dann aufzuhören, wenn es gerade gut läuft. Wenn Sie vor Ehrgeiz ein bißchen zuviel machen, klappt am En-

TIP: Üben Sie nur, wenn Sie in guter Laune sind und Lust dazu haben. Üben Sie mehrmals täglich ungefähr fünf bis zehn Minuten lang. Belohnen Sie eine Übung nicht erst am Schluß.

Die beiden sind gestreßt und nicht aufnahmebereit.

de gar nichts mehr, und beide, Sie und Ihr Hund, werden bloß frustriert. Kurze Übungsfolgen mehrmals am Tag sind der Schlüssel zum Erfolg.
Sorgen Sie dafür, daß eine Sequenz mit Erfolg beendet wird – provozieren Sie Erfolge! Überfordern Sie Ihren Hund nicht. Anzeichen für Überforderung und Streß sind Gähnen und Kratzen.

LERNSCHRITTE

Beim Erlernen eines Kommandos lernt Ihr Hund:
- ▶ zu verstehen, was Sie meinen,
- ▶ auszuführen, was Sie haben möchten,
- ▶ das Handzeichen dafür,
- ▶ daß Sie möchten, daß er das *jetzt* ausführt,
- ▶ das Wort dafür.

Es erleichtert das Ganze, wenn zuerst nur die ersten vier Punkte gelernt werden. Durch das Lockmittel macht der Hund gern mit. Erst wenn er die Körperbewegung zu der entsprechenden Handbewegung beherrscht, wird das dazugehörige Wort hinzugefügt. Damit die Verknüpfung schnell erfolgreich ist, lassen Sie ihn die Übung einige Male hintereinander machen, so daß er sie schon erwartet. Dann erst sprechen Sie das Wort deutlich aus und machen unmittelbar danach, fast gleichzeitig, das passende Handsignal. Machen Sie sich Gedanken über die Worte, die Sie für bestimmte Aufforderungen verwenden möchten. Es ist nur fair, daß es für einen Befehl nur ein bestimmtes Wort gibt. Ihr Hund lernt immerhin, eine Fremdsprache zu verstehen.

Auch Kratzen ist ein Zeichen für Streß und Überforderung.

Schritt für Schritt

Die Übungen der Welpenschule

Der Welpe lernt Sitz, Platz, Steh, Leg dich, Bleib und das richtige Gehen an der Leine.

POSITIONEN

Die Grundbefehle, die ein Hund können und gern und unverzüglich befolgen sollte, sind, außer „Komm!", „Sitz", „Platz", „Leg dich" und „Steh!". Lehren Sie ihn immer erst ein Kommando richtig, bevor Sie mit dem nächsten weitermachen. Üben Sie mehrmals täglich 5 bis 10 Minuten lang. Ihr Hund sollte vergnügt, munter und hungrig sein. Er ist dann leichter zu motivieren.

Wählen Sie also:
► einen Augenblick, in dem Sie sich wohl fühlen,
► einen Augenblick, in dem Sie Ruhe und Geduld haben,
► einen Augenblick, in dem Sie Ihren Hund etwas lehren wollen,
► ein Lockmittel, das für Ihren Hund in diesem Augenblick die Welt bedeutet.

„SITZ!"

Nehmen Sie das Lockmittel in Ihre rechte Hand. Sagen Sie den Namen Ihres Hundes einmal. Wenn er Sie aufmerksam anschaut, machen Sie weiter. Falls nicht, ist dies nicht der richtige Mo-

Der Welpe wird mit einem Futterbrocken in die Platz-Position dirigiert.

Spielerisch und schrittweise wird der Welpe an die Leine gewöhnt.

ment, etwas Neues anzufangen. Üben Sie erst einmal weiterhin eine gute Namensreaktion.

Sofern er Sie jedoch aufmerksam anschaut, halten Sie ihm jetzt das Lockmittel vor die Nase, ohne etwas zu sagen. Heben Sie Ihre Hand langsam an, so daß er Ihrer Hand mit seiner Nasenspitze folgt. Bewegen Sie die Hand langsam und gleichmäßig zugleich nach oben und hinten in Richtung der Stirn des Hundes, bis der Hund sitzt.

Geben Sie ihm sofort das Lockmittel als Belohnung, sagen Sie dazu „Nimm's" und loben und streicheln Sie ihn ausgiebig. Die Belohnung muß innerhalb von Sekunden erfolgen, damit die optimale Wirkung eintritt. Machen Sie diese Übung jeden Tag mehrmals.

Erst wenn das gut klappt, gehen wir zur nächsten Positionsübung weiter.

Für das Handzeichen „Sitz!" heben Sie die Hand an, dabei ist die Handfläche nach

„Sitz" ist nicht schwer.

„Sitz" und „Platz" funktionieren auch zu zweit ...

oben gerichtet und die Bewegung erfolgt aus dem Ellenbogen.

„STEH!"

Ihr Tierarzt wird Ihnen dankbar sein, wenn Ihr Hund auf Kommando ruhig dasteht.
Nehmen Sie Ihr Lockmittel wieder in die rechte Hand. Lassen Sie Ihren Hund sitzen, aber geben Sie dem sitzenden Hund noch keine Belohnung. Es geht weiter. Sie bewegen die Hand mit dem Lockmittel langsam waagrecht von der Nase des sitzenden Hundes weg, und zwar, wenn der Hund vor Ihnen sitzt, zur Außenseite Ihres rechten Beines. Machen Sie das so langsam, daß Ihr Hund nur aufstehen, aber keinen Schritt vorgehen muß. Belohnen und

loben Sie wie beim letzten Befehl.
Das Handzeichen ist wieder eine Bewegung von Hand und Unterarm aus dem Ellenbogen. Diesmal zeigen zuerst die Fingerspitzen, dann in der Bewegung die Handfläche zur Nase des Hundes.
Fügen Sie das Wort erst dazu, wenn Bewegung und Handzeichen klappen.

„PLATZ!"

Beginnen Sie wieder mit der Sitzposition. Sobald Ihr Hund vor Ihnen sitzt, halten Sie ihm das Lockmittel mit Ihrer rechten Hand vor die Nase. Nehmen Sie es zwischen Daumen und Handfläche, dabei zeigt die Handfläche zum Boden. Führen Sie Ihre Hand langsam von der Nase des Hun-

des zwischen seinen Vorderbeinen so zum Boden, daß er mit der Nase folgen kann, ohne aufzustehen. Irgendwann wird es für den Hund einfach bequemer, wenn er sich hinlegt, damit er besser an Ihre Hand reicht. Bei dieser Übung braucht man manchmal etwas mehr Geduld, weil ungeduldige Hunde gern wieder aufstehen oder versuchen, das Lockmittel aus Ihrer Hand auszugraben. Fassen Sie den Hund erst an, wenn die Übung geklappt hat. Andernfalls verlängern Sie die ganze Angelegenheit. Sobald es einmal geklappt hat, geht es schnell voran.

... und wieder „Sitz".

„Platz" ist im Alltag wichtig.

Bei diesem Handzeichen zeigt die Handfläche nach unten, die Bewegung nach unten erfolgt wieder aus dem Ellenbogen. Wenn Sie später auf weitere Entfernungen Handzeichen geben, können Sie aus dem Schultergelenk heraus deutlichere Bewegungen machen als aus dem Ellenbogen.

„LEG DICH!"

Um Ihrem Hund beizubringen, sich auf die Seite zu legen, muß er erst einmal ordentlich in der Platzposition liegen. Nehmen Sie dann Ihr Lockmittel und knien Sie sich vor ihn. Führen Sie nun das Lockmittel von seiner Nase aus ganz vorsichtig und langsam seitwärts über die Schulter, die oben liegen soll, in Richtung Rücken. Wenn er mit der Nase Ihrer Hand folgt, muß er den Kopf zur Schulter drehen und sich schließlich, um an Ihre Hand zu gelangen, auf die Seite legen. Ein Hund, der sich entspannt und sicher fühlt, lernt leichter, sich in diese wehrlose Position zu begeben.

Bei dieser Übung beschreibt Ihre Hand einen Bogen. Zu Beginn zeigt Ihre Handfläche zum Boden, dann drehen Sie den Unterarm im Ellenbogen, so daß die Handfläche nach oben schaut.

„BLEIB!"

Sie können Ihren Hund auf verschiedene Art trainieren, in einer bestimmten Position zu verharren: Entweder wählen Sie ein eigenes Kommando, um ihn aus einer bestimmten Position zu entlassen. In diesem Fall lernt er, Ihre Erlaubnis abzuwarten, bevor er etwas anderes tun darf.

„Steh" kann man aus der Platzlage beginnen ...

Übung zu ändern. Sonst laufen Sie Gefahr, daß Sie Ihren Hund bestechen müssen, damit er Ihre Aufforderungen befolgt. Bei einer Bestechung tut der Betreffende nur dann etwas, wenn er vorher weiß, was er dafür erhält. Ihr Hund würde nur gehorchen, wenn er wüßte, Sie haben eine Belohnung für ihn.

Machen Sie ab jetzt die Handbewegung für die Übung ohne Lockmittel. Halten Sie die Belohnung in Ihrer anderen Hand bereit. Wenn die Übung erfolgreich abgeschlossen ist, geben Sie die Belohnung in die Hand, mit der das Handzeichen ausgeführt wurde, und belohnen ihn. Sobald das klappt, gibt es auch nicht mehr jedesmal etwas, sondern zufällig oder für bessere oder schnellere Ausführung einer Übung. Verlangen Sie ab jetzt auch mehr Leistung für eine Belohnung, zum Beispiel zwei- oder dreimal hinsetzen. Durch die Zufälligkeit der Belohnung wird die Leistung verbessert. Es wirkt wie Lotto: mal gewinnt man, mal nicht! Das motiviert und spornt auch einen Hund an. Halten Sie jedoch Belohnungen immer noch bereit. Dann können Sie nach wie vor schnell reagieren und bei Bedarf etwas Erwünschtes verstärken.

TIP: Sobald Sie ein gewisses Stück weit weggehen können, ohne daß er Ihnen folgt, ist es besser, wenn Sie ihn von seinem Platz wieder abholen. Wenn Sie ihn nämlich zu sich rufen und dann belohnen, wird eigentlich das Hinterherkommen belohnt, und nicht sein braves Warten. Das erschwert es dem Hund, zu verstehen, worum es Ihnen geht, und verzögert den Lernerfolg.

Oder Sie lehren ihn, mit „Bleib!" und einer passenden Geste, länger in einer bestimmten Position auszuharren. Dabei vergrößern Sie schrittweise Ihren Abstand vom Hund.

BELOHNUNGEN VARIIEREN

Sobald Ihr Hund eine Übung einwandfrei ausführt, ist es Zeit, das Belohnungsschema bei dieser

DEN ORT VARIIEREN

Sobald Ihr Hund etwas zufriedenstellend beherrscht, muß das überall geübt werden. Es ist zwar am Anfang für den Lernprozeß günstiger, immer an einer bestimmten Stelle zu üben. Aber ein Hund, der alles perfekt in Ihrem Garten macht, tut das in Nachbars Garten noch lange nicht, geschweige denn im Park. Sie könnten plötzlich Dr. Jekyll und Mr. Hyde in Hundegestalt gegenüberstehen: zu Hause der Charme in Person und auf der Straße ein Raufbold. Also: an allen möglichen Orten üben!

TIP: Schlüsselwort für einen gut erzogenen Hund ist: Üben, immer wieder üben, in allen Lebenslagen, an allen Orten. Gehorsam besteht aus Gewohnheit und Übung! Die Zeit, die Sie jetzt investieren, macht sich während des gesamten Lebens Ihres Hundes bezahlt.

„NIMM'S!"

Damit Ihr Hund lernt, nur mit Erlaubnis etwas aus der Hand zu nehmen, brauchen Sie etwas, was er für sein Leben gern frißt. Nehmen Sie es in die Hand, machen Sie eine Faust und halten Sie diese Ihrem Hund vor die Nase. Er schnüffelt und versucht, es aus Ihrer Hand zu kriegen.
Jetzt ist Geduld angesagt. Ziehen Sie Ihre Hand nicht weg, egal was er versucht, selbst wenn es ein bißchen unangenehm wird. Ich hoffe, Sie haben brav Ihre Übungen für die Beißhemmung gemacht! Halten Sie aus, auch wenn es eine Weile dauert. Sagen Sie nichts, und irgendwann wird Ihr Hund für einen Moment seine Nase und sein Maul von Ihrer Hand zurücknehmen. Diesen Augenblick dürfen Sie nicht verpassen.

Die Hand mit dem Futter wird nur so weit bewegt, daß der Hund nicht vorzugehen braucht.

„Bleib"

Ein begeistertes „Nimm's!", die Hand öffnen, und Sie sind auf dem richtigen Weg. Üben Sie das auch, wenn Sie Ihren Hund mit der Hand füttern. Wie gesagt, es gibt keine Wunder, und alles muß erst gelernt werden. Erwarten Sie niemals, daß Ihr Hund etwas kann, was Sie ihm nicht beigebracht haben. Lernen dauert seine Zeit. Erinnern Sie sich noch an den Führerschein? Denken Sie zurück und haben Sie mit Ihrem Hund ein bißchen Geduld. Ganz nebenbei gesagt, im Augenblick lernen Sie selbst ebensoviel Neues wie er. Al-so nochmals: Geduld! Je öfter Sie üben, desto früher werden Sie merken, daß Ihr Hund ruhig dasitzt und die Erlaubnis abwartet, bevor er etwas nimmt. Verlängern Sie dann schrittweise die Zeitspanne, die er warten muß.

TIP: Sie haben übrigens „Nimm's" schon ein bißchen geübt, wenn Sie bei den anderen Übungen das Geben der Belohnung schon mit dieser Aufforderung verbunden haben.

AN DER LEINE GEHEN

Ordentlich an der Leine zu gehen ist so eine Sache. Den meisten Besitzern von Hunden kleinerer Rassen ist meist nicht einmal bewußt, daß sie einen unerzogenen Hund haben, der an der Leine zerrt. Besitzer von Hunden größerer und schwererer Rassen werden jedoch eines Tages brutal mit der Tatsache konfrontiert, daß sie kaum fähig sind, ihren Hund an der Leine zu führen und die Kontrolle darüber zu behalten, wohin der Spaziergang geht. Zu diesem Zeitpunkt wird vielen Hundebesitzern plötzlich klar, daß sich etwas ändern muß. Das ist der Zeitpunkt der Suche nach Hundeschulen, der Zeitpunkt, an dem man erst zum Würgehalsband, dann zum Stachelhalsband, und, wenn man besonders hilflos ist, zum Elektroschockhals-band greift.

All das vollbringt natürlich keine Wunder, und nach einer Phase von eher verzweifelten Erziehungsversuchen, die für beide Seiten häufig quälend verlaufen, landet der unkontrollierbare Hund im Tierheim. Es ist kein Zu-

Das Futter gibt es erst, ...

... wenn wir es sagen.

Egal was er versucht, um daranzukommen.

Nutzt auch nichts!

Brav warten ist richtig.

Endlich! „Nimm's!"

fall, daß die meisten der dort abgegebenen Hunde größeren Rassen angehören und oft gerade erst ausgewachsen sind.

Bei den kleineren Rassen kommt man ja mit dem Einsatz der eigenen Körperkraft meist noch zurecht. Es ist eben sehr leicht, einem kleinen Hund seinen Willen mittels einer Leine aufzuzwingen.

Noch einfacher ist es, einen Welpen anzubinden und hinter sich herzuziehen. Wir verschlechtern dadurch jedoch die Voraussetzungen für das weitere Training, da ein Reflex den Hund zwingt, sich bei Zug dagegen zu stemmen bzw. sich bei Druck gegen den Druck zu lehnen. Sie können das selbst ausprobieren, indem Sie Ihrem Hund seitlich mit der flachen Hand gegen die Brustwand drücken: er lehnt sich automatisch dagegen. Wenn Sie an der Leine ziehen, haben Sie denselben Effekt: er muß sich dagegen stemmen. Nicht weil er nicht mitkommen möchte, sondern weil er nicht anders kann. Es ist ein Reflex. So ziehen beide, Mensch und Hund, zunächst vermehrt an den entgegengesetzten Enden der Leine. Der Hund gewöhnt sich dabei von vornherein daran, daß die Leine dauernd straff gespannt ist. Er weiß, daß sein Mensch da ist, und hat nicht den geringsten An-

Machen Sie zuerst zu Hause ungestört einfache Grundübungen. Auch hierbei sollten Sie in guter, entspannter Stimmung sein. Übertreiben Sie die Dauer der Übungen nicht und versuchen Sie, Erfolge zu provozieren.

Übung 1

Durch diese Übung lernt Ihr Hund, auf Aufforderung hin ruhig an der lockeren Leine zu stehen und Ihnen Aufmerksamkeit zu schenken. Sie ist leicht, wenn Ihr Hund schon gut auf seinen Namen reagiert.

Zerren an der Leine ist für beide unbefriedigend.

laß, besonders auf ihn zu achten. Damit entwickelt sich das An-der-Leine-Gehen für beide Teile zu einem eher unangenehmen Erlebnis.

Es wäre einfacher und anständiger, gleich von Anfang an richtig vorzugehen und zu zeigen, was wir haben wollen. Schlechte Angewohnheiten wieder zu ändern, ist viel schwieriger und aufwendiger.

TIP: Wenn Sie also mit Ihrem Hund draußen sind und nicht viel Zeit haben, tragen Sie ihn lieber, bevor Sie ihn hinter sich herzerren. Nehmen Sie ihn am Anfang nur an die Leine, wenn Sie üben wollen.

Stachelhalsbänder haben in der Erziehung nichts mehr verloren.

Nehmen Sie Ihren Hund an die Leine - sie sollte ungefähr 2 m lang sein. Nehmen Sie bitte keine ausziehbare Leine. Stellen Sie sich mitten ins Zimmer, die Leine locker in der Hand. Rufen Sie den Namen Ihres Hundes einmal, und belohnen Sie ihn, wenn er Sie anschaut. Machen Sie das an verschiedenen Stellen im Zimmer und in der Wohnung.

Wichtig: Rufen Sie den Namen nicht mehrmals, sondern nur einmal. Der Hund soll sich bei dieser Übung nicht hinlegen. Falls er das tut, gehen Sie einfach ein paar Schritte und locken ihn hinter sich her.

Übung 2

In dieser Übung lernt der Hund in mehreren einzelnen Schritten, selbst darauf zu achten, daß die Leine locker bleibt, seine Aufmerksamkeit auf seinen Menschen zu richten und dicht bei ihm zu bleiben. Machen Sie diese Übung am besten irgendwo, wo es für Ihren Hund Interessantes gibt, aber es soll nicht so interessant sein, daß es unmöglich wird, seine Aufmerksamkeit zu erringen. Machen Sie die einzelnen Schritte dieser Übung in der angegebenen Reihenfolge, und gehen Sie erst zum nächsten Schritt weiter,

Das Stemmen in die Leine ist ein Reflex.

wenn der vorhergehende Schritt sitzt.

Schritt 1

Stellen Sie sich ruhig hin. Ihr Hund sollte an einer etwa 2 m langen Leine ruhig links neben Ihnen stehen. Halten Sie die Leine mit Ihrer rechten Hand vor Ihrem Körper in der Mitte der Taille. Halten Sie mit ihrer linken Hand die Leine an der linken Körperseite. Sobald der Hund zieht oder wegwill, sagen Sie „Achtung!", lassen links gleichzeitig die Leine los und greifen mit der linken Hand neben die rechte Hand. Sie gehen einen oder zwei kurze Schritte rückwärts und sagen „Achtung, Achtung, Achtung!", bis der Hund das Ende der Leine erreicht hat. Möglicherweise müssen Sie das öfter wiederholen, ehe Ihr Hund aufhört an der Leine zu ziehen.

Sobald das passiert und Ihr Hund zu Ihnen zurückschaut, loben Sie ihn. Versuchen Sie, ihn zu sich zu locken, oder ziehen Sie ihn sanft zu sich heran. Wenn er wieder bei Ihnen ist, ge-

Wenn der Welpe sich von uns wegbewegen will, gehen wir zurück ...

ben Sie ihm eine Belohnung und loben ihn.

Wiederholen Sie das, bis Ihr Hund auf Ihre Aufforderung hin anhält, bevor er das Ende der Leine erreicht hat. Loben Sie ihn, sobald er zu ziehen aufhört. Belohnen sie ihn jedesmal, wenn er neben Ihnen steht und Sie anschaut.

Schritt 2

Lassen Sie ab jetzt Ihren Hund erst gar nicht das Ende der Leine erreichen, sondern sagen Sie schon vorher „Achtung!" Stoppen Sie ihn, wenn er bei der Hälfte der Leine angekommen ist. Locken Sie ihn wieder zurück und belohnen Sie ihn, wenn er kommt.

Schritt 3

Geben Sie jetzt Ihr Kommando „Achtung!" schon, sobald Ihr Hund nur daran

denkt, von Ihrer Seite zu weichen. Belohnen Sie ihn, wenn er dableibt. Belohnen sie ihn immer wieder, während er dableibt.

Sobald Sie mit Üben fertig sind, geben Sie ihm ein Kommando, das bedeutet, daß er jetzt spielen gehen darf. Bevor er etwas tun darf, was ihm Spaß macht, muß er aber sozusagen um Erlaubnis fragen: Er muß sich neben Sie setzen und Sie anschauen. Lassen Sie

TIP: Verhalten, das belohnt wird, tritt häufiger auf. Wenn Sie also Ihrem Hund beim Ziehen an der Leine nachgeben, bekommt er sozusagen die direkte Belohnung für das Ziehen. Er darf dorthin gehen, wo er hinwollte. Also wird er immer mehr ziehen.

ihn in keinem Fall laufen, wenn er zieht!

Um das zu verhindern, sollten Sie, wenn Ihr Hund zieht, in die entgegengesetzte Richtung gehen, und wenn Ihr Hund an eine bestimmte Stelle zieht, um dort zu schnüffeln, nicht nachgeben. Er sollte sich erst neben Sie stellen und Sie ansehen oder sich neben Sie setzen, bevor er schnüffeln gehen darf. Grundsätzlich soll er erst etwas für Sie tun, bevor er tun darf, was er möchte. Die direkte und beste Belohnung ist in diesem Fall, in die Richtung zu gehen, in die er gehen möchte, aber erst, wenn er die Leine locker gelassen hat.

Übung 3

Fangen Sie an, einige Schritte mit dem Hund an der Leine zu gehen. Beginnen

Sie mit wenigen Schritten und steigern Sie die Entfernung langsam. Machen Sie auch hier wieder nicht zuviel auf einmal. Es führt eher zum Ziel, wenn Sie rechtzeitig aufhören und die Übung mit Erfolg abschließen, als wenn ein bißchen zuviel Ehrgeiz dazu führt, daß die Übung nicht klappt.

OHNE LEINE GEHEN?

Viele Hundebesitzer möchten, daß Ihr Hund in der Stadt ohne Leine frei mitläuft. Meiner Meinung nach liegt das vor allem daran, daß ein Hund, der nicht gelernt hat, ordentlich an der Leine zu gehen, äußerst lästig ist. Ein gut erzogener Hund ist das nicht.
Es ist schon für uns Menschen nicht einfach, in einer Großstadt den Überblick zu

ZUSAMMENFASSUNG FÜR DAS LERNEN VON KOMMANDOS

1. Erwünschtes Verhalten sollte belohnt, unerwünschtes Verhalten sollte ignoriert werden.
2. Erwarten Sie nicht, daß Ihr Hund etwas kann, was Sie ihm nicht zuvor beigebracht haben.
3. Betrachten Sie gutes Benehmen nie als selbstverständlich, sondern belohnen Sie es. Das motiviert den Hund, sich weiterhin gut zu benehmen.
4. Grundsätzlich sollte ein fairer Austausch zwischen Mensch und Hund stattfinden: Du machst, was ich will, dafür lasse ich dich zur Belohnung etwas machen, was du willst.
5. Ein Kommando darf nur gegeben werden, wenn sicher ist, daß der Hund aufmerksam ist.
6. Wiederholen Sie Aufforderungen und Kommandos nicht.
7. Wenn Sie ein Kommando geben, müssen Sie auch in der Lage und willens sein, dafür zu sorgen, daß es ausgeführt wird. Sonst ist es sinnvoller, den Befehl in dieser Situation ganz zu unterlassen.

behalten, und sehr leicht kann man sogar selbst seinen Hund durch eine falsche Information veranlassen, in einem ungeeigneten Moment auf die Straße zu laufen. Ein einziger kleiner Fehler kann das Leben Ihres Hundes beenden und/oder weitere Leben gefährden. Man sollte sich lieber die Mühe machen, den Hund zu lehren, richtig an der Leine zu gehen.

... und sagen „Achtung", um seine Aufmerksamkeit wieder auf uns zu lenken.

Viele positive Erlebnisse mit Menschen lassen die Sozialisierung gelingen.

Sozialisierung

Die gute Kinder-stube

Vielfältige Erfahrungen in den ersten Lebensmonaten vermitteln dem Welpen Sicherheit. Dies gilt für Umweltsituationen ebenso wie für den Umgang mit Hunden und Menschen.

Während Sie an all die einzelnen Facetten des Verhaltens innerhalb der Familie denken und daran arbeiten müssen, und Ihr Hund lernt, wie es in Ihrem Haushalt zugeht und wie die Hausordnung ausschaut, vollzieht sich gleichzeitig nebenher, mehr oder weniger unbemerkt, die Sozialisierung. Der jetzige Verlauf einzelner Ereignisse hat Einfluß auf sein Verhalten, wenn er einmal erwachsen ist. Auch wir Menschen empfinden unbekannte Situatio-

Welpen und Kind lernen behutsam den richtigen Umgang miteinander.

nen zunächst als beunruhigend. Je vertrauter eine Situation ist, desto selbstverständlicher können wir damit umgehen. Dasselbe gilt für Ihren Hund. Je nachdem, wie er seine ersten Lebenswochen verbracht hat, sind ihm womöglich noch nie Männer, Frauen oder Kinder begegnet. Vielleicht hat er noch nie eine Straßenbahn, einen Zug oder eine Treppe gesehen. Was er jetzt nicht kennenlernt, wird ihn sein ganzes Leben lang beunruhigen. Um das zu vermeiden, muß er sich mit allem anfreunden. Nur so weiß er, wann kein Grund zur Angst besteht.

Auch die Dinge des täglichen Lebens muß der Hund erst kennenlernen.

Je größer der Hund, um so wichtiger ist die gute Kinderstube.

UMWELT KENNEN-LERNEN

Überlegen Sie sich einmal, womit Ihr junger Hund erst noch Bekanntschaft schließen muß. Das ergibt wahrscheinlich eine beachtliche Liste. Lärm, Hupen, Autos, Straßenbahn, U-Bahn, Bus, Treppen und Aufzug, also einfach Stadtleben im allgemeinen gehören meist dazu, vielleicht außerdem andere Menschen, vor allem Kinder, Haustiere und Hunde. Wenn Sie ihn später überall oder doch fast überallhin mitnehmen wollen und das auch noch Spaß machen soll, muß er jetzt an all das vorsichtig herangeführt werden. Er muß jetzt im richtigen Alter systematisch auf angenehme Weise damit vertraut gemacht werden. Nur dann kann er später richtig damit umgehen. Gehen Sie sorgfältig vor. Bieten Sie alles erst einmal in kleinen Dosen an. Kleine Straßen, kleine Kreuzungen, kurze Straßenbahn-, Auto- und U-Bahnfahrten sind besser verträglich. Wählen Sie nicht den Tag, an dem Sie in der Stadt eine Menge zu erledigen haben, sondern machen Sie in Ruhe echte Übungsfahrten und Übungsgänge, wenn Sie selbst entspannt sind. Gestreßt, unter Druck oder zu lange üben schadet eher.

TIP: In kleinen, kurzen Übungen in allen nur denkbaren Situationen soll der junge Hund positive Erfahrungen sammeln. Es gibt keine zweite Chance für den ersten Eindruck, und Schreck, Angst oder gar Schmerz sind nicht förderlich.

TIERARZT

So kann der Verlauf des ersten Tierarztbesuches die nachfolgenden zu einem Vergnügen für Ihren Hund machen - oder zu einem Alptraum, der mit jedem weiteren Besuch schlimmer wird. Sie selbst haben daraus großen Einfluß. Falls Sie selbst Angst davor haben – das gibt es häufiger, als Sie vielleicht denken -, so versuchen Sie das Ihren Welpen nicht merken zu lassen. Es gibt im Grunde zunächst auch gar nichts zu fürchten. Warten Sie bitte nicht erst, bis etwas in Unordnung zu sein scheint. Machen Sie Ihren ersten Tierarztbesuch so früh wie möglich nach dem Kauf Ihres kleinen Hundes. Die übliche Welpenuntersuchung und die Routineimpfungen sind keine schmerzhaften Angelegenheiten.
Bringen Sie einen hungrigen kleinen Hund und et-

Begegnungen mit Artgenossen sollten erst stattfinden, wenn der Welpe geimpft ist.

Spielen und Toben ist für alle Hundekinder wichtig.

was zum Knabbern mit, und erinnern Sie sich an das System der positiven Verstärkung: Belohnen Sie Ihren Welpen, wenn er sich auf dem Behandlungstisch richtig benimmt und ruhig und gelassen bleibt. Wenn Sie aufgeregtes und ängstliches Verhalten nicht durch Belohnungen im falschen Moment verstärken, steht einer erfolgreichen Beziehung zwischen Ihrem Hund und dem Tierarzt nicht das Geringste im Weg. Die meisten Tierärzte haben selbst Interesse an guten Beziehungen zu „ihren Hunden" und daher auch etwas zum Verwöhnen da.

Vergessen Sie nicht, zu diesem ersten Besuch eine Stuhlprobe mitzubringen, oder geben Sie sie besser schon einen Tag vorher ab. Lassen Sie Ihren Kleinen mit anderen Hunden im Wartezimmer jetzt noch keinen Kontakt aufnehmen. Manche sind da, weil Sie krank sind. Es könnte Ansteckungsgefahr bestehen! Besprechen Sie bei diesem ersten Besuch ausführlich das zukünftige Impfprogramm mit Ihrem Tierarzt. Bevor Ihr Hund dem Kontakt mit anderen Hunden ausgesetzt wird, muß ein ausreichender Impfschutz vor den gefährlichsten an-

steckenden Hundekrankheiten sichergestellt sein. Erst sobald also Ihr Tierarzt grünes Licht gibt, kann die notwendige Sozialisierung in Angriff genommen werden.

ANDERE HUNDE

Wie bei der Beißhemmung hat man lange Zeit angenommen, daß Hunde angeborenerweise wüßten, wie sie mit anderen Hunden umzugehen haben. Tatsache ist jedoch, daß es erlernt wird. Ähnlich wie eine Sprache müssen die sozialen Fähigkeiten, die ein Welpe schon im Umgang mit Mut-

Aufforderung zum Spiel – der Kleine ist noch etwas unsicher.

ter und Geschwistern erworben hat, regelmäßig angewendet werden.

Hunde, die jünger als 6 Monate sind und denen dazu keine Gelegenheit gegeben wird, verlieren ihre Fähigkeiten wieder. Erst ab einem Alter von mehr als 6 Monaten können Hunde zum Beispiel einen etwas längeren Zwingeraufenthalt ohne Schaden überstehen. Aus diesem Grund müssen Sie also für regelmäßigen und häufigen Kontakt Ihres Hundes mit anderen Hunden sorgen.

Sie sind jetzt auf dem Weg, in eine gefährliche Falle in der Erziehung zu tappen. Es ist fast unvermeidlich und ergibt sich ganz von selbst: Wahrscheinlich werden auch Sie mit verträumten, strahlenden Augen dastehen und zuschauen, wie reizend Ihr Kleiner mit anderen Hunden spielt und

dabei eine Menge Spaß hat. Diese Erfahrung birgt eine katastrophale Konsequenz: Er hat Spaß ohne Sie.

Wenn Sie nicht ganz durchdacht und zielstrebig mit dieser Situation umgehen, haben Sie gar keine Wahl: Sie sind in jedem Fall der Spielverderber. Indem Sie Ihren Hund rufen, beenden Sie eines der größten Vergnügen, die es im Hundeleben gibt. Ihrer Aufforderung „Komm!" zu folgen, bringt für Ihren Hund nichts als Nachteile: Das Spiel mit dem Artgenossen ist zu Ende, er kommt an die Leine und es geht heim. Der Spaß ist vorbei!

Vergessen Sie nicht: „Komm!" und Name sollten nur in einem angenehmen Zusammenhang verwendet werden!

Also rufen Sie ihn aus dem Spiel heraus, belohnen sie ihn und schicken ihn dann

wieder zum Spielen. Die Belohnung sollte aus Lob, Streicheln und evtl. einem Hundebonbon bestehen. In diesem Fall ist etwas wirklich außergewöhnlich Gutes angebracht, damit das Herkommen sich auch tatsächlich lohnt.

Die allerbeste Belohnung besteht aber darin, daß Ihr Hund die Erlaubnis bekommt, wieder spielen zu gehen. Lassen Sie ihn nicht allzu lange ununterbrochen mit anderen Hunden spielen. In jedem längeren Spiel ist er geistig so weit weg, daß er Sie einfach nicht mehr wahrnimmt. Rufen Sie ihn rechtzeitig und häufig immer wieder zu sich!

Heranrufen aus dem Spiel

▶ Versuchen Sie, die Aufmerksamkeit Ihres Hundes zu erhalten (Name). Rufen Sie nicht mehrmals, sondern nur einmal.

▶ Rufen Sie die Aufforderung zum Kommen nur, wenn Sie die volle Aufmerksamkeit Ihres Hundes haben.

▶ Rufen Sie auch diese Aufforderung nur einmal.

▶ Wenn bei einem der beiden Schritte keine Reaktion erfolgt, sollten Sie zu Hause verstärkt Aufmerksamkeitsübungen machen.

▶ Wenn Ihr Hund jetzt bei Ihnen ist, haben Sie beide eine großartige Leistung vollbracht. Lassen Sie Ihren Hund sitzen, falls er das schon kann, fassen Sie an sein Halsband, loben und belohnen Sie ihn und schicken Sie ihn wieder zum Spielen!

▶ Klopfen Sie sich auf die Schulter, aber denken Sie daran: Gutes Benehmen bleibt nur gut, wenn man etwas dafür tut. Wenn man nichts tut, wird es unweigerlich schlechter werden.

Welpenspielstunden

Eine gute Möglichkeit, um diese besonders schwierige Situation zu üben, sind Welpenspielstunden. Hier lernen die Hunde, miteinander umzugehen, und gleichzeitig können Sie lernen, Ihren Hund zu kontrollieren. Sehen Sie sich einfach in Ihrer Umgebung und in Inseraten um, oder fragen Sie Ihren Tierarzt nach entsprechenden Adressen.

Schauen Sie sich außerdem vorher ohne Hund eine oder zwei Stunden an, damit Sie beurteilen können, ob Ihnen ein Kurs gefällt. Wie ein guter Züchter sollte auch der Leiter eines guten Welpenkurses nichts dagegen haben, wenn man ihn und seinen Kurs vorher in Augenschein nimmt.

MENSCHENKONTAKT

Während Sie bei der Sozialisierung mit Hunden auf den Erfahrungen aufbauen, die der kleine Hund schon mit Mutter und Geschwistern gemacht hat, ist es ohne weiteres möglich, daß er außer einer einzigen Person noch nie andere Menschen gesehen hat. Auch diese Wissenslücke muß rechtzeitig gefüllt werden.

Ein Hund sollte während der Sozialisierungsphase möglichst viele verschiedene Menschen, Erwachsene und Kinder, in ebenso vielen verschiedenen Situationen kennenlernen. Je häufiger er etwas gesehen hat, desto normaler wird es für ihn. Er kann unbefangener und entspannter damit umgehen und hat keinen Grund, Angst zu haben.

Erwachsene

Wieder heißt es: üben und in kleinen Dosen anfangen. Die Betonung liegt auf dem

Wild herumtoben, ...

... miteinander üben ...

... und schmusen.

Zuerst sind beide noch ganz vorsichtig, dann werden sie mutiger.

Kennenlernen unter angenehmen Umständen. Nur so verbindet er angenehme Erfahrungen und Gefühle mit allen möglichen Menschen. Für viele Hunde sind Männer und Kinder angsterregender und beunruhigender als Frauen. Versuchen Sie, Ihre Freunde dafür zu gewinnen, Ihnen bei diesem Training zur Hand zu gehen.

Am einfachsten geht es wieder mittels Futter. Also bitten Sie alle erdenklichen Freunde, Ihren Hund mit der Hand zu füttern und ihn anzufassen. Einzelne Punkte im Bereich der Sozialisierung konkurrieren mit der Erziehung, Futter nicht ohne Erlaubnis zu nehmen, aber hier hat die Sozialisierung absoluten Vorrang. Befehle sind auch später noch erlernbar, aber bis Sie Ihre Freunde dazu erzogen haben, richtig mit Erlaubnis Futterbröckchen zu verabreichen, ist die Zeit für die Sozialisierung schon fast abgelaufen.

TIP: Hochspringen allerdings sollte gleich von Anfang an vermieden werden, das ist einfach und die Sache wert. Egal, wie zauberhaft und unwiderstehlich Ihr Welpe jetzt ist, es gibt kaum jemanden, der es cool findet, wenn ihm später 30 kg Hund vor Begeisterung um den Hals fallen.

Kinder
Schenken Sie dem Verhältnis von Kindern und Hund gesteigerte Aufmerksamkeit, insbesondere wenn Sie selbst keine Kinder haben und vor allem, wenn Sie irgendwann später Kinder planen.

Kinder sind nicht berechenbar, und wenn Ihr Hund vor Kindern keine Angst hat, sondern sie liebt, beugen Sie damit einer ganzen Reihe von unangenehmen Zwischenfällen vor.

Leihen Sie sich, wenn möglich, Kinder von Freunden oder Nachbarn. Um weder Kind noch Hund zu überfordern, sollte ein Hund am Anfang nur ein Kind kennenlernen, und bitte nur unter Aufsicht. Nur dann können Sie sicherstellen, daß die Erfahrungen für beide Seiten positiv verlaufen.

Mittel der Wahl ist auch hier Futter. Ein hungriger Hund ist nun einmal sehr leicht davon zu überzeugen, daß Hände mit Futter eine gute Sache sind. Sie dürfen sich schnell bewegen, er hat Sie dennoch gern und vertraut ihnen. Da er keine Angst davor hat, gibt es auch keinen Grund, danach zu schnappen. Lassen Sie also Kinder, die das schon können, den Welpen aus der Hand füttern und die, die dazu zu schüchtern sind, den Futternapf halten.

TIP: Wenn Sie dafür sorgen, daß besonders vergnügliche Sachen vor allem in Anwesenheit von Kindern passieren, verheißt die Anwesenheit von Kindern an sich Gutes.

ANDERE HEIMTIERE

Auch das Verhältnis Ihres Hundes zu anderen Heimtieren können Sie über positive Verstärkung gut lenken. Belohnen Sie auch hier erwünschtes und ignorieren Sie unerwünschtes Verhalten. So können keine negativen Verknüpfungen entstehen, und Sie verstärken auch nicht unbeabsichtigt unerwünschtes Verhalten. Belohnen Sie also zum Beispiel Ihren kleinen Hund, wenn er die Katze nicht be-

achtet, sondern links liegen läßt. Bedenken Sie jedoch im Zusammenhang mit Kaninchen und anderen jagdbaren Tieren, daß der Jagdtrieb bei unterschiedlichen Rassen verschieden stark ausgeprägt ist. Wie mit Kindern, ist es empfehlenswert, nicht allzu großes Vertrauen in das perfekte Beneh-

men aller Beteiligten zu setzen. Bleiben Sie lieber dabei. Selbst wenn alles vorbildlich aussieht, ist das keine Garantie dafür, daß es auch so bleibt. Zudem können Sie positives Verhalten nur dann rechtzeitig belohnen, wenn Sie anwesend sind und es auch tatsächlich sehen.

Kinder und Hunde waren schon immer ein gutes Gespann.

Vorbeugen ist wichtig

Unerwünschtes Verhalten ver- meiden

Unarten treten nicht aus heiterem Himmel auf. Es gibt dabei immer konkrete Ursachen, denen man aber vorbeugen kann.

Körperliche Strafen, Gewalt oder sogenannte Korrekturen im herkömmlichen Sinn wenden wir bei Welpen ganz bewußt nicht an, da sie in der Welpenerziehung wenig hilfreich sind. Körperliche Strafen mindern das Vertrauen, verwirren den Hund und fördern Unsicherheit. Durch die Fehleinschätzung einer Situation kann man als Mensch durchaus einmal falsch reagieren. Wenn das passiert, können Sie sich bei Ihrem Hund hinterher leider nicht einfach entschuldigen und erklären, daß oder warum Sie etwas falsch gemacht haben. Ein einziger Fehler kann aber, besonders bei einem jungen Hund, das Vertrauen nachhaltig zerstören und unter

Solche Auseinandersetzungen wollen wir vermeiden.

Hunde kennen kein schlechtes Gewissen! Hier passieren leicht Erziehungsfehler.

Das „schlechte Gewissen" ist eine Körperhaltung, die Angst ausdrückt.

Umständen zur Entstehung von Verhaltensproblemen führen.

Überdies wirkt eine als Strafe gedachte Handlung auf einen Hund nicht unbedingt als Strafe. Er kann sie auch als Zuwendung wahrnehmen. Damit ist die als „Strafe" gemeinte Handlung für ihn erstrebenswert und verstärkt so das unerwünschte Verhalten.

ENTZUG VON ZUWENDUNG

Das wirksamste Mittel in der Erziehung ist in diesem Alter der Entzug von Zuwendung. Denken Sie zurück: beim Hochspringen und dem Erlernen der Beißhemmung wurde unerwünschtes Verhalten „bestraft", indem Sie die Anwesenheit und das Verhalten des Hundes nicht zur Kenntnis genommen und Ihre Zuwendung entzogen haben.

Zusätzlich haben Sie dann das erwünschte Verhalten in dem Moment belohnt, in dem es eintrat, und es dadurch verstärkt.

In die Ecke schicken

Eine gesteigerte Form, Zuwendung zu entziehen, möchte ich als „in die Ecke schicken" bezeichnen. Dazu wählt man einen Platz in der Wohnung aus, der weder mit Zuwendung, Spielsachen, Futter oder Rausschauen in Zusammenhang steht. Es darf hier keine Spielsachen geben oder sonst irgend etwas für den Welpen Vergnügliches. Es darf selbstverständlich nicht die Schlafhöhle sein, da diese Zuflucht, Spielplatz und dadurch schöner Aufenthaltsort ist.

Hierher bringen Sie Ihren Hund, wenn Sie ihm etwas abgewöhnen wollen. So wird ihm für einen kurzen Zeitraum Ihre Gesellschaft, die Gruppengemeinschaft und damit alle Zuwendung entzogen. Er merkt auf diese Weise, daß sein Verhalten nur Nachteile für ihn hat.

Sobald Ihr Hund also etwas tut, das Sie stört, nehmen Sie ihn nach einem kurzen Wort des Tadels („Schluß jetzt!" oder etwas Ähnliches) und bringen ihn rasch an diesen Platz. Bringen Sie ihn dorthin, ohne viel zu sagen. Wichtig ist, daß Sie innerhalb von 2 Sekunden reagieren, denn ein längerer zeitlicher Zwischenraum vermindert die Wirksamkeit dieser Erziehungsmaßnahme beträchtlich.

Sperren Sie ihn kurz ein, etwa 2 bis 5 Minuten lang. Danach holen Sie ihn wieder heraus, auch jetzt ohne ein tadelndes oder freundliches Wort. Die Sache ist sozusagen erledigt und vorbei. Wenn er wieder anfängt, warnen Sie ihn erneut kurz mit demselben Wort, aber wirklich nur einmal, nicht

öfter! Falls er nicht sofort aufhört, wird die ganze Aktion wiederholt. Benutzen Sie auch immer denselben Platz dafür.

Das unerwünschte Verhalten läßt gewöhnlich nach, wenn Sie das Ganze ein

TIP: Lassen Sie Ihren Hund während der Zeit, in der Sie an einem bestimmten Problem arbeiten, Leine und Halsband tragen. Dann können Sie ihn bei Bedarf leichter fangen, und die Angelegenheit artet nicht in ein Fangspiel aus. Das könnte ihm nämlich Spaß machen und sein unerwünschtes Verhalten verstärken.

paarmal durchexerziert haben.

Konzentrieren Sie sich immer nur auf die Lösung eines Problems. Widmen Sie sich dem nächsten erst, wenn das eine gelöst ist. Sonst verwirren Sie Ihren Hund, und die Methode funktioniert nicht zufriedenstellend.

POSITIVE VERSTÄRKUNG

In sehr vielen Fällen entsteht unerwünschtes Verhalten erst durch unbewußte und unbeabsichtigte positive Verstärkung von seiten des Hundebesitzers. Ein Hund, der bellt, winselt oder knurrt, erhält meist eine Reaktion, sei es ein beruhigendes Wort oder einen Befehl zur Ruhe. Beides kann vom Hund als Zuwendung und damit als Belohnung empfunden werden, weil ihm auf diese Weise Aufmerksamkeit zuteil wird. So wird sein Verhalten unabsichtlich verstärkt.

Gehen Sie von Anfang an richtig vor. Reagieren Sie, wenn Ihr Hund ruhig irgendwo sitzt oder liegt, und loben Sie ihn dann. Machen Sie das Verhalten, das Sie haben möchten, für ihn selbst erstrebenswert, indem Sie es belohnen. Reagieren Sie nicht bei unerwünschtem Verhalten, wie

Jetzt wäre ein Lob angebracht.

zum Beispiel bei Bellen. Ignorieren Sie das Bellen, warten Sie ab, bis eine Pause eintritt, und loben und belohnen Sie dann.

So verstärken Sie gezielt das ruhige Verhalten, da jede Art von Zuwendung verstärkend wirkt.

HEKTIK

Hektisches, unruhiges und aufdringliches Verhalten wird fast immer durch den Hundehalter angefacht, der es durch seine eigene Reaktion für den Hund lohnenswert macht. Lachen, hinschauen oder den Hund anfassen führt zu einer Verstärkung. Auch hier gilt es, unerwünschtes Verhalten zu ignorieren und erwünschtes Verhalten zu belohnen.

TIP: Beachten Sie Ihren winselnden Hund nicht, reagieren Sie nicht, wenn er mit seiner Pfote an Ihrem Bein kratzt, es sei denn, Sie möchten, daß er das immer macht, um Ihre Aufmerksamkeit zu erregen. Loben Sie ihn statt dessen, wenn er sich so verhält, wie Sie es gern haben.

ÄNGSTLICHES VERHALTEN

Auch ängstliches Verhalten kann man unbeabsichtigt

Wer es gelernt hat, wartet brav.

verstärken. Wenn sich ein Welpe ängstlich verhält, versucht man, durch Trost und Streicheln die Angst zu lindern. Das kann Verschiedenes bewirken. Einerseits kann der Welpe durch das veränderte Verhalten des Menschen den Eindruck gewinnen, daß er zu Recht Angst hat, und dadurch zusätzlich verunsichert werden. Andererseits kann das für den Hund angenehme Trösten dazu führen, daß er sich, ohne eigentlich Angst zu haben, ängstlich verhält, um Aufmerksamkeit zu erlangen. Drittens kann ein Hund, der im Grunde gar keine Angst hat, so überhaupt erst Angst bekommen. Das alles ist nicht wünschenswert. Bleiben Sie daher von seiner Angst so unbeeindruckt wie möglich, und verhalten Sie sich ruhig und gelassen, auch wenn Sie selbst Angst haben sollten. Seien Sie ein guter Rudelführer. Gehen Sie mit gutem Beispiel voran. Zeigen Sie Ihrem Hund, daß für Angst gar kein Anlaß besteht, und vermeiden Sie so eine unbeabsichtigte Verstärkung seines ängstlichen Verhaltens.

TRENNUNGSANGST

Übergroße Abhängigkeit eines Hundes von seinem Besitzer kann Bellen, Heulen, Unsauberkeit und Zerstörungswut während der Abwesenheit des Besitzers zur Folge haben. Beugen Sie ei-

Das Drohen hat bei Hunden viele Gesichter.

ner solchen Entwicklung vor.

Üben Sie von Anfang an, Ihren kleinen Hund ab und zu allein in einem anderen Raum zu lassen, zuerst nur für kurze Augenblicke. Veranstalten Sie keinen riesi-

TIP: Steigern Sie schrittweise die Zeit Ihrer Abwesenheit. Lassen Sie ihn jedoch nicht für unvernünftig lange Zeiträume allein. Falls er in Ihrer Abwesenheit etwas anstellt, sollte er nicht dafür bestraft werden. Die Erfahrung, daß Ihre Rückkehr mit Unannehmlichkeiten verbunden ist, kann Angst vor Ihrer Abwesenheit auslösen. Das wiederum kann gesteigerten Streß und unerwünschtes Verhalten während Ihrer Abwesenheit zur Folge haben.

gen Abschied, sondern gehen Sie einfach unauffällig hinaus. Es sollte für ihn ein vollkommen selbstverständliches Ereignis werden. Das ist kein Problem, wenn er satt und müde ist und zur Beschäftigung Spielzeug zur Verfügung hat.

ENTSTEHEN VON ANGSTAGGRESSION

Je vertrauter uns eine Situation ist, um so wohler fühlen wir uns und desto entspannter sind wir. Das senkt die Wahrscheinlichkeit, daß wir etwas tun, was der Situation nicht angemessen ist. Unsicherheit, Angst und/oder Erschrecken können unerwartete und möglicherweise unangemessene Reaktionen bewirken.

Bei Hunden ist das ähnlich.

Je mehr ein Hund kennengelernt hat, desto selbstsicherer wird er und desto eher ist er allen möglichen Lebenslagen gewachsen. Wenig Erfahrung führt zu Unsicherheit und Angst. Das kann in ganz alltäglichen Situationen unberechenbares Verhalten auslösen. Ein Hund kann mit Flucht, sogenanntem beschwichtigendem Verhalten, Warnen, Drohen, Verteidigung oder sogar Angriff reagieren und so aus Angst durchaus gefährlich werden.

Die Art seiner Reaktion hängt von verschiedenen Faktoren ab: die angeborenen Eigenschaften des Hundes spielen eine Rolle, sein Alter sowie die Situation, in der er sich in diesem besonderen Augenblick in seinem Leben befindet. Dazu kommen die Erfahrungen, die er bisher gemacht hat. Er wird anwenden, was in der Vergangenheit den meisten Erfolg hatte. Durch unbewußte oder unbeabsichtigte Belohnung kann ein Hund Verhaltensweisen erlernt haben, die für den menschlichen Beobachter unerwartet und unverständlich sind.

Beschwichtigen

Ein Welpe, der sich von einem Rudelmitglied bedroht fühlt und sich nicht durch Flucht entziehen kann, wird

versuchen, dieses Rudelmitglied friedlich zu stimmen. Durch Beschwichtigungsgesten kann aggressives Verhalten abgewendet werden. Dazu dient das schon früher erwähnte Mundwinkellecken, außerdem Ohren anlegen, Rücken hoch- und Schwanz einziehen sowie geduckt laufen oder gar kriechen. Als Steigerung kann sich das bedrohte Tier auf den Rücken legen und urinieren.

Die Botschaft für das ranghöhere Rudelmitglied ist eindeutig: „Ich bin ein Welpe, ich bin dir unterlegen, ich zeige dir das durch mein Verhalten ganz deutlich, bitte tu mir nichts.“

Schuldbewußtsein

Wir Menschen deuten dieses Verhalten ganz anders: uns erscheint ein Hund schuldbewußt, wenn er mit angelegten Ohren, eingezogenem Schwanz und hochgezogenem Rücken herangekrochen kommt. „Er weiß, was er getan hat“, ist ein häufig benutzter Satz. Es ist einer der am häufigsten zu Unrecht benutzten Sätze.

Stellen Sie sich vor, Sie kommen nach Hause und Ihr halbwüchsiger Hund hat in Ihrer Abwesenheit das Sofa angefressen. Sie sind sauer. Ihr Hund ist Ihnen eben noch vergnügt entgegenge-

sprungen, wollte Sie freudig begrüßen und bekommt jetzt statt einer Begrüßung einen Anschnauzer.

Bis zu Ihrer Ankunft war sein Tag wunderbar, und er hatte viel Spaß mit dem Sofa. Er hat sich gefreut, als Sie gekommen sind, und wollte Sie begrüßen. Sie jedoch waren nicht so wie sonst, sondern sehr unfreundlich.

Das verunsichert Ihren Hund. Daher wendet er angeborene Verhaltensweisen an, die dazu dienen, ein ranghöheres Gruppenmitglied friedlich zu stimmen. Er unternimmt alles in seiner Macht Stehende, um Sie zu besänftigen. Das geschieht jedoch nicht, weil er sich bewußt ist, etwas Falsches getan zu haben, oder gar, was er Falsches getan hat. Der Eindruck, den Sie

in diesem Augenblick auf ihn machen, Ihre Körpersprache, die er wohl zu Recht als bedrohlich empfindet, löst ein Verhalten aus, das in einem Wolfs- oder Hunderudel einen Angriff abwenden würde.

Am nächsten Tag lassen Sie Ihren Hund nicht im Wohnzimmer, wenn Sie weggehen, sondern sperren ihn vorsichtshalber in die Küche. Dennoch haben Sie Angst, als Sie zurückkehren. Was ist diesmal zerknabbert? Sie öffnen die Küchentür, und bevor Sie überhaupt Ihren Hund begrüßen, streift Ihr Blick durch die gesamte Küche. Irgendwo ein Schaden? Auf den ersten Blick nicht. Ihr Hund aber hat durch Ihre Körpersprache, möglicherweise sogar schon an Ihrem Schritt zur Küche, gemerkt, daß Sie

Dazu kann es kommen, wenn wir die Beschwichtigungsgesten unseres Hundes falsch deuten oder nicht beachten.

Hier steckt Angst dahinter.

nicht entspannt sind. Sind Sie so wie gestern bedrohlich und unberechenbar? Vorsichtshalber setzt er wiederum alles ein, um Sie friedlich zu stimmen, und er verhält sich so wie gestern. Was Sie als Schuldbewußtsein interpretieren, ist in Wirklichkeit angeborenes Verhalten, um aggressives Verhalten auf der Gegenseite zu beschwichtigen. Wenn Sie sich weiterhin höchst bedrohlich verhalten und es ihm nicht gelingt, Sie friedlich zu stimmen, flüchtet er und versteckt sich vielleicht. Unter Umständen erscheint er erst gar nicht zur Begrüßung. Er hat ja die Erfahrung gemacht, daß Sie bei Begrüßungen unberechenbar sind und daß es unmöglich ist, Sie zu besänftigen.

Als Mensch neigt man in diesem Fall dazu, den Hund zu suchen. Er wird an den Platz seiner Schandtat geschleppt und bestraft, wenn nicht körperlich, so doch durch Schimpfen.
Es kommt im Rudel nicht vor, daß sich ein Tier vor dem Angriff eines anderen weder durch Beschwichtigung noch durch Flucht retten kann, es sei denn, es handelt sich um einen Führungswechsel. Da bedeutet es dann einen Kampf auf Leben und Tod. Daher befindet sich dieser Hund in einer verzweifelten Lage. Alle seine Strategien sind nutzlos. Sein Gegenüber ist nicht zu besänftigen, und Flüchten nützt nichts. Was bleibt übrig?
Obwohl also das Verhalten im Rudel darauf ausgerich-

tet ist, Kämpfe im Interesse der Gruppe zu vermeiden, droht er jetzt. Er gibt zu verstehen, daß er bereit wäre, sich zu verteidigen, falls er weiter in die Enge getrieben wird. Körpersprache und Lautäußerungen, Knurren, gefletschte Zähne, gesträubtes Fell und die entsprechende Körperhaltung zeigen an, wie ernst er es meint.
An der graduellen Ausprägung all dieser Merkmale kann man die Wahrscheinlichkeit eines Angriffs ablesen. Sie steigt, wenn er einer Rasse angehört, die zu aggressiven Reaktionen neigt, und ist abhängig davon, wie existentiell bedroht er sich fühlt.
Je nachdem, wie sich diese Lage weiterentwickelt, kann ein Hund daraus Verschiedenes lernen.

Es hilft alles nichts!
Sie lassen sich nicht durch die Drohgebärden einschüchtern, sondern nehmen Ihren Hund, tragen oder ziehen ihn zum Ort seiner Schandtat und bestrafen ihn, entweder durch Schimpfen oder sogar körperlich.
Ihr Hund hat Ihnen durch sein gesamtes Verhalten schon anfangs gezeigt, daß er keine Konfrontation sucht. Er weiß, Sie sind stärker und ranghöher als er.

Deshalb hat er versucht, Sie zu beschwichtigen. In dieser Situation lernt er zusätzlich:

▶ Flüchten nützt nichts.
▶ Verstecken nützt nichts.
▶ Auch Drohgebärden nützen nichts.
▶ Sie verstehen seine Sprache nicht.
▶ Sie sind gewalttätig, unberechenbar und nicht vertrauenswürdig.

Ihr Verhalten ist ihm unverständlich. Ein Rudelführer hätte sich nicht so verhalten. Sein Vertrauen zu Ihnen nimmt ab und er wird ängstlicher.
Ihr für ihn unberechenbares Verhalten hat unberechenbares Verhalten seinerseits zur Folge.

Nicht anfassen!

Sie lassen sich durch die Drohgebärden des Hundes einschüchtern und sehen daher von einer Strafe ab. Er hat schon gelernt, daß Sie unberechenbar sind. Zusätzlich lernt er nun:

▶ Flucht nützt.
▶ Verstecken nützt.
▶ Drohen nützt.

Er hat eine Möglichkeit gefunden, sich zu retten. Wenn er sich einen Unterschlupf sucht und mit Verteidigung droht, lassen Sie ihn in Ruhe. Sein Verhalten hat sich bezahlt gemacht. In ähnlichen Situationen wird er wieder versuchen, sich auf diese Art in Sicherheit zu bringen. Das Drohverhalten kann sich, je nach Lage

der Dinge, bis zum Angriff steigern.

Angriff ist die beste Verteidigung!

Sie nehmen seine Drohgebärden zunächst nicht ernst, fassen nach ihm und werden gebissen. Jetzt lassen Sie von ihm ab und kümmern sich um Ihre verletzte Hand. Er lernt: Wenn er beißt, läßt man ihn in Ruhe.

TIP: Erinnern Sie sich an unsere Übungen: positive Verstärkung, das Belohnen von Verhalten, führt dazu, daß das entsprechende Verhalten öfter auftritt. Die wirksamste Belohnung ist, was der Hund in diesem Augenblick am liebsten möchte. Dieser Hund möchte in Ruhe gelassen werden. Durch sein Verhalten hat er es erreicht und so gelernt, aggressives Verhalten zu seinem eigenen Schutz einzusetzen. In zukünftigen Situationen wird er sich wieder so verhalten.

Diese sogenannte Angstaggression kann sich im Prinzip jederzeit entladen, sobald sich ein unsicherer Hund bedroht fühlt. Sooft sich die Lage durch sein Verhalten wunschgemäß zu entwickeln scheint, wird sein aggressives Verhalten

Diese Hunde sind ruhig und selbstsicher.

dadurch verstärkt. Das Drohverhalten kann sich bis zum Angriff steigern. Ein an sich unsicherer Hund kann auf diese Weise sogar lernen, etwas, was ihm Angst einjagt, sofort und ohne weitere Warnung anzugreifen. Er lernt durch den Erfolg.

TERRITORIALE AGGRESSION

Territoriales Verhalten, also die Verteidigung eines bestimmten Gebietes, ist vielen Tierarten angeboren. Dabei betrachten Tiere ein bestimmtes Gebiet als Heimgebiet und verteidigen es, wenn sich mögliche Eindringlinge nähern oder dieses Gebiet betreten. Bei Hunderassen, die zu Schutz- und Wachfunktionen gezüchtet werden, ist diese Eigenschaft deutlich verstärkt. Nicht ausreichend sozialisierte Hunde haben vor vielem Angst und fühlen daher sich selbst und auch ihr Territorium sehr schnell bedroht. Auf fremde Menschen, andere Hunde oder Kinder reagieren sie zunächst mit Bellen und weiterem Drohverhalten. Auch hier kann eine unerwünschte Verstärkung des Verhaltens erfolgen. Ein derartiger Hund kann zum Beispiel die Erfahrung machen, daß er mit seinem Verhalten scheinbar Erfolg hat. Den-

Entspannung oder Territorialverhalten? Der angespannte Hinterlauf deutet eher auf das Letztere.

ken Sie nur an einen Postboten. Dieser Eindringling kommt, wird angebellt und geht wieder. Für den Hund entsteht der Eindruck, sein Drohverhalten habe den Eindringling verjagt. Also wiederholt er dieses Verhalten. Ähnliches kann sich am Gartenzaun abspielen. Ein Hund nimmt natürlich nicht wahr, daß die Menschen, die vorbeigehen und die er von seiner Seite des Zauns heftig anbellt und bedroht, überhaupt nicht vorhatten, sein Territorium zu betreten. Er gewinnt irrtümlich den Eindruck, sein Verhalten habe die Eindringlinge verjagt. Das verstärkt sein

Territorialverhalten. Derartige für ihn positive Erfahrungen können einen an sich ängstlichen Hund sogar bis zu einem Angriff ermutigen. Im Bereich des Territorialverhaltens findet eine Reifung statt, das bedeutet, daß es mit dem Erwachsenwerden immer ausgeprägter wird. Unterstützen Sie daher Bellen oder Drohverhalten in diesem Zusammenhang beim Welpen nicht. Es handelt sich nur scheinbar um territoriales Verhalten. In Wirklichkeit steckt Angst hinter diesem Verhalten eines Hundes, ein deutliches Zeichen für ungenügende Sozialisierung.

UNTERDRÜCKTES DROHEN

Bestrafen und Tadel sind allerdings nicht geeignet, um Bellen oder Drohverhalten beim Welpen zu unterbinden. Unsicherheit und Angst werden dadurch nur gesteigert.

Besonders im Umgang mit Kindern oder anderen Hunden kann das fatale Folgen haben. Jede Art von Strafe führt dem Hund vor Augen, daß die Anwesenheit von Kindern oder anderen Hunden tatsächlich unangenehm ist und Unannehmlichkeiten für ihn selbst verursacht. Das erhöht seine Angst und seine Abneigung. Es kann dann zwar gelingen, daß er wegen der Strafen sein Drohverhalten, zum Beispiel Knurren, unterdrückt.

Angst und Spannung sind jedoch durchaus nicht verschwunden, sondern sogar stärker.

Ein Hund, der aus Angst bellt, knurrt oder gar die Zähne zeigt, gibt Ihnen wertvolle Information über sein Befinden. Wenn er gelernt hat, diese Signale zu unterdrücken, wissen Sie nichts. Möglicherweise haben Sie es mit einer Zeitbombe zu tun, die irgendwann losgeht. Über einen solchen Hund heißt es dann, er habe völlig unmoti-

Er weiß: alle Rudelmitglieder sind ranghöher.

viert und ohne Warnung zugebissen.

TIP: Durch Angst verursachtes Fehlverhalten wie erhöhte territoriale Aggression kann man durch rechtzeitige und ausreichende Sozialisierung vermeiden. Gut sozialisierte Hunde fühlen sich sicher, sind daher angstfrei und nicht leicht zu provozieren. Ihre Reaktionen sind vorherzusehen. Solche Hunde üben ihre Wach- und Schutzfunktion ruhig und selbstsicher nur dann aus, wenn es erforderlich ist.

DOMINANZ-AGGRESSION

Ein Hund kann durch das Verhalten seines Besitzers die Überzeugung gewinnen, er sei selbst ranghoch. Er beansprucht dann Spielsachen, besondere, zum Beispiel erhöhte Schlafplätze oder andere erstrebenswerte Dinge für sich und verteidigt ihren Besitz gegen andere Rudelmitglieder.

Wenn diese ranghohe Position dann plötzlich in Frage gestellt und bedroht wird, kann das zu ernsthaften Auseinandersetzungen führen.

Sorgen Sie dafür, daß Ihr Hund eindeutige Informationen über seinen eigenen Rang erhält. Direkte Konfrontationen sind dazu nicht nötig. Sie könnten sogar gefährlich werden, je nachdem wie wehrhaft ein Hund ist und wie sehr er seine Position gefährdet sieht (siehe S. 16).

SCHLUSSWORT

Die wenigsten Menschen, die sich einen jungen Hund anschaffen, sind sich bewußt, welch ungeheures Lernpensum ein Welpe in wenigen Wochen absolvieren muß. Dazu ist menschliche Unterstützung unerläßlich. Je informierter und bewußter diese ausfällt, desto besser sind die Aussichten, daß der Welpe alles Erforderliche lernen kann. Während das Befolgen von Befehlen im Prinzip jederzeit im Leben gelernt werden kann, ist eine gute Sozialisierung nur in der Welpenphase möglich. Schlecht oder ungenügend sozialisierte Hunde haben Angst vor allem, was ihnen unbekannt ist. Das führt später zu unberechenbarem Verhalten und ist verantwortlich für einen großen Teil aller unangenehmen Zwischenfälle mit Hunden.
Eine gute Sozialisierung schafft die notwendige Grundlage für jede weitere Ausbildung und muß mit sanften, dem Welpen angemessenen Methoden erfolgen.
Sorgen Sie dafür, daß Sie für Ihren Hund vertrauenswürdig und berechenbar sind. Wenn Sie klare Regeln einhalten, machen Sie dadurch die Situation für Ihren Hund verständlich und durchschaubar. Er weiß dann, woran er mit Ihnen ist. Es ist leichter, sich an einfache und eindeutige Regeln zu halten. Denn Vertrauen zwischen Hund und Mensch ermöglicht ein glückliches gemeinsames Leben.

DANKSAGUNG

Ich möchte mich hiermit bei Dr. Anne McBride vom anthrozoologischen Institut der Universität Southampton in England für ihre Geduld bedanken. Ihr verdanke ich es, daß ich mich einige Zeit ungestört der Welpenschule widmen konnte. Thank you, Anne!

Renate Jones

QUELLEN

Appleby, David: How to have a happy puppy. The Pet Behaviour Centre 1992.
Baumann, Allen: „Paw-sitive" Dogtraining. Desktop Publishing, Wooster, Ohio 1995.
Carlson, Neil R.: Physiology of Behaviour. Paramount Publishing 1994.
Dunbar, Ian: Dog Behaviour. T.F.H. Publications, New York 1979.
Dunbar, Ian: How to Teach a New Dog Old Tricks. James & Kenneth Publishers, Oakland, California 1991.
Feddersen-Petersen, Dorit: Fortpflanzungsverhalten beim Hund. Gustav Fischer Verlag, Stuttgart 1994.
Pryor, Karen: Don't Shoot the Dog! Bantam Books, 1984.
Ryan, Terry: Toolbox for Remodeling Problem Dogs. Legacy 1994.

ZUM WEITERLESEN

Beck, Peter: Das Beste für meinen Hund. Franckh-Kosmos Verlag, Stuttgart 1995.
Feddersen-Petersen, Dorit: Hundepsychologie. Franckh-Kosmos Verlag, Stuttgart 1989.
Tellington-Jones, Linda und Sybil Taylor: Der neue Weg im Umgang mit Tieren. Franckh-Kosmos Verlag, Stuttgart 1993.

REGISTER

Informationen senden wir Ihnen gerne zu

Bücher · Kalender · Spiele · Experimentierkästen · CDs · Videos · Seminare
Natur · Garten & Zimmerpflanzen · Heimtiere · Pferde & Reiten · Astronomie ·
Angeln & Jagd · Eisenbahn & Nutzfahrzeuge · Kinder & Jugend

KOSMOS Postfach 10 60 11
D-70049 Stuttgart
TELEFON +49 (0)711-2191-0
FAX +49 (0)711-2191-422
WEB www.kosmos.de
E-MAIL info@kosmos.de

BILDNACHWEIS

Fotos von Toni Angermayer
(2, S. 1 l, 11), Peter Beck (12,
S. 5 o, 6, 7, 17 u, 19 l, 19 r, 31 o,
33, 42, 47 o, 47 m, 47 l),
Horst Bielfeld (2, S. 31 u, 44),
Gerda Buse (1, S. 2 u),
Hilmar Jönke (alle übrigen 34
Aufnahmen),
Robert Jones (2, S. 43 ur, 49),
Juniors Bildarchiv (8, Archiv
S. 20, Cherek 56, Cullmann 50 r,
Neukampf 38 o, Oechslein
54 r, Pfahls 57, Putz 45, Welke
29),
Eva-Maria Krämer (7, S. 9, 13,
16, 21 u, 43 o, 52, 54l),
Werner Layer (5, S. 1 r, 5 u,
10 o, 18, 38 u),
Ingeborg Polaschek (3, S. 17 o,
27 l, 43 ul),
Reinhard-Tierfoto (14, Außen-
klappe oben, S. 3, 4, 8, 10 u,
25, 27 r, 50 l, 51, 53, 55 l, 55 r,
58, 59).

IMPRESSUM

Umschlaggestaltung von Atelier Reichert, Stuttgart, unter Ver-
wendung von 4 Farbfotos von Eva-Maria Krämer (großes Bild),
Peter Beck, Hilmar Jönke (Rückseite links) und Werner Layer
(Rückseite rechts).

Mit 90 Farbfotos und 5 mehrteiligen Farbzeichnungen von
Milada Krautmann.

Die Deutsche Bibliothek – CIP-Einheitsaufnahme

Jones, Renate:
Welpenschule leichtgemacht / Renate Jones. – Stuttgart :
Franckh-Kosmos, 1997
ISBN 3-440-07282-7

ISBN 3-440-07282-7
Lektorat: Angela Beck
Grundlayout: Atelier Reichert, Stuttgart
Gestaltung: Gisela Dürr, München
Satz: ad hoc! Typographie, Ostfildern
Printed in Italy/Imprimé en Italie
Druck und Buchbinder: Printer Trento S. r. l., Trento

ÜBUNGS-MUSTER

Die Übungen, z.B. Sitz, Bleib, Steh, Leg´ Dich usw., werden alle nach dem gleichen Muster gemacht. Zunächst verwenden wir nur ein Lockmittel, noch keine Kommandos:

1. Sie rufen den Namen des Hundes, damit er aufmerksam wird.

2. Sie nehmen das Lockmittel und leiten den Hund in die gewünschte Position ohne dabei zu sprechen.

3. Sie führen dabei die Handbewegung gut sichtbar aus.

4. Wenn der Hund die Übung ausgeführt hat, belohnen Sie den Hund mit dem Lockmittel. Sagen Sie „Nimm`s", ehe Sie die Belohnung hergeben.

5. Gleichzeitig loben und streicheln Sie ihn.

Erst wenn der Hund eine Übung so gut kann, daß er sie schon erwartet, wird das Kommando hinzugefügt, so daß die Vorgehensweise dann so aussieht:

1. Den Namen des Hundes rufen, damit er aufmerksam wird.

2. Wenn der Hund aufmerksam ist und die Übung erwartet, das Kommando sagen.

3. Sofort danach das deutliche Handzeichen machen.

4. Wenn der Hund die Übung ausgeführt hat, „Nimm´s" sagen, gleichzeitig das Lockmittel geben und loben.

Extra

TIERPASS FÜR UNSEREN HUND

Name: _____   Geschlecht: _____

Rasse: _____   Tätowierung: _____

geboren am: _____   gekauft am: _____

Impfungen: _____

_____

_____

Wurmkuren: _____

_____

_____

Wichtige Anschriften

Züchter: _____

_____

_____

Tierarzt: _____

_____

_____

Hundeschule: _____

_____

_____

tierärztlicher Notdienst: _____

_____